DINHEIRO

O que não te ensinaram na escola

CARLOS DUARTE

Primeira Edição

Publicada em Junho de 2025

DIREITOS AUTORAIS

AVISO LEGAL

Este livro tem caráter educacional e informativo, e não deve ser interpretado como aconselhamento financeiro, jurídico, tributário ou de investimentos. Seu autor não é um consultor financeiro profissional, e todas as estratégias e métodos apresentados são baseados em sua experiência pessoal e em conhecimentos gerais e acadêmicos, que podem ou não se aplicar à situação individual de cada leitor.

O autor não se responsabiliza por perdas, danos, prejuízos ou consequências decorrentes da aplicação das ideias aqui apresentadas. Os mercados financeiros, assim como outras oportunidades de investimentos e estratégias de gestão de dinheiro, envolvem riscos, incluindo a possibilidade de perda parcial ou total do capital investido. Cabe ao leitor avaliar cuidadosamente sua própria condição financeira, estabelecer seus objetivos e tomar suas decisões com base em sua realidade, ciente dos riscos envolvidos.

Por fim, é recomendável buscar orientação profissional adequada, como consultores financeiros, advogados ou contadores, antes de qualquer decisão patrimonial ou financeira.

ISBN nº 978-65-01-49280-3

DEDICAÇÃO E AGRADECIMENTOS

Dedico este trabalho à minha família e aos verdadeiros amigos, que fazem minha vida ter significado. Agradeço ao meu Pai Celestial e ao meu Redentor Jesus Cristo pelas experiências, milagres, oportunidades, paciência, perdão, orientação e companhia ao longo de toda a minha vida até aqui. Também sou grato aos professores e líderes que, com amor, me ensinam e inspiram nessa jornada.

Carlos Duarte

SOBRE O AUTOR

Carlos Duarte é profissional de Tecnologia da Informação, empreendedor e investidor. Formado mestre em Sistemas de Informação pela Universidade de Utah, também possui MBA pela Fundação Getúlio Vargas.

Casado, pai de três filhos, atualmente atua como diretor de TI em uma empresa americana e é fundador de uma startup voltada à consultoria e ao ensino financeiro e tecnológico. Apaixonado por aprendizado contínuo, mantém três canais no YouTube, que juntos somam quase meio milhão de inscritos.

SUMÁRIO

PREFÁCIO – UM LEGADO ESQUECIDO

Talvez seja difícil acreditar que alguém que nasceu em uma família pobre, cercado por limitações financeiras e intelectuais, possa ser descendente direto de nomes ilustres da história brasileira e da realeza europeia, figuras famosas de países como Portugal, Espanha e França. Pois é, isso aconteceu comigo, e é uma parte interessante da minha própria história.

Já adulto, descobri que, por meio de minha mãe, sou descendente de centenas de ancestrais notáveis, incluindo o rei Sancho I de Portugal, o rei Pedro I de Portugal, o rei Afonso XI de Castela, o rei Jaime II de Aragão, além de nobres e bandeirantes como João Ramalho, capitão Henrique da Cunha e dom João de Albuquerque. Essa revelação me levou a profundas reflexões sobre herança, escolhas e destinos. Esses nomes não são apenas registros em minha árvore genealógica; são personagens que moldaram a história da Europa e do Brasil, reis que governaram, nobres que desbravaram terras e exploradores que deixaram legados que atravessaram séculos e ainda influenciam muitos aspectos da cultura e dos hábitos da sociedade moderna.

No entanto, essa linhagem foi esquecida pelas gerações mais recentes da minha família, a ponto de ser completamente desconhecida por minha mãe, tios e avós. Eu, que também nasci ignorante desse legado, longe de castelos e coroas, enfrentei as dificuldades comuns àqueles que vivem sob a sombra da escassez financeira e intelectual. Essa discrepância entre um passado glorioso e uma infância marcada por limitações me fez refletir: em que momento essa herança se perdeu? Onde foi que as escolhas mudaram o rumo de uma história de prosperidade para um ciclo de pobreza?

Felizmente, amparado por aquilo que só posso chamar de intervenção divina — acompanhada de muitos milagres e esforços ao longo da vida — consegui romper esse ciclo. Cresci espiritualmente, conquistei formação acadêmica superior, adquiri valiosas experiências de vida e trabalho, tornei-me fluente em outros idiomas e alcancei posições de liderança em diversas empresas. Paralelamente, desenvolvi uma nova relação com o dinheiro, aprendendo a administrá-lo com maior inteligência, propósito e responsabilidade. Esse crescimento pessoal e financeiro me levou a uma vida mais estável e próspera, tornando possível oferecer à minha família atual uma realidade muito melhor do que aquela que vivi em minha infância e juventude.

Minha trajetória, porém, esteve longe de ser fácil ou linear. Se fosse ilustrá-la, diria que minha vida se parece mais com uma montanha-russa ou com um carrinho de bate-bate do que com um tranquilo passeio de carrossel. Foi uma jornada de aventuras, desafios, perdas, alegrias, lágrimas, descobertas, resgates, privações, abundância e arrependimentos. Cada curva, descida e colisão moldou quem sou hoje, ainda muito imperfeito, mas mais capaz de analisar e agir para direcionar minha vida ao destino que desejo, e não àquele que me foi imposto pelas condições socioambientais.

Essa reflexão sobre minha própria jornada, somada ao desejo de transmitir os conhecimentos e hábitos eficazes que aprendi ao longo da vida, foi o que me motivou a escrever este livro. Mais do que compartilhar conceitos financeiros, quis reunir aqui princípios que facilitaram e transformaram minha vida — valores que envolvem mentalidade, educação, estratégia, segurança, crescimento e propósito. Este não é apenas um livro sobre dinheiro. É um convite para você enxergar a prosperidade como algo libertador, possível e duradouro, independentemente do ponto em que esteja hoje.

Ao longo destas páginas, vamos percorrer ensinamentos universais sobre como quebrar ciclos de escassez, construir e proteger patrimônio, multiplicar oportunidades e plantar sementes para que futuras gerações colham os frutos das escolhas que fazemos agora. Esta obra mostra que prosperidade não é fruto do acaso, mas o resultado de decisões conscientes e corajosas, feitas dia após dia por pessoas comuns como eu e você.

Por fim, os nomes e histórias de indivíduos ou empresas mencionados nesta obra têm propósito exclusivamente didático, com o objetivo de ilustrar os conceitos abordados, sem qualquer tipo de juízo de valor. Todos os fatos mencionados são amplamente conhecidos e foram extraídos de fontes de domínio público.

INTRODUÇÃO

Você sabe, a escola fundamental, pública ou privada, se concentra em oferecer uma educação voltada para conhecimentos acadêmicos e técnicos, como linguagem, matemática, história e ciências. Embora esses assuntos sejam essenciais para a formação, o ensino tradicional não costuma abordar a educação financeira pessoal, que é uma das disciplinas mais importantes para o sucesso material das pessoas e famílias. Normalmente, não aprendemos de forma organizada e didática como administrar nosso dinheiro, como planejar o futuro ou mesmo como lidar com crédito, juros, dívidas e as armadilhas do consumo. Isso tem sido assim por centenas de anos, e não há no horizonte nenhuma reforma educacional abrangente na sociedade que inclua o ensino de habilidades financeiras básicas capazes de preparar o indivíduo para lidar com os desafios reais da vida.

Por outro lado, a noção financeira que recebemos geralmente vem da família e do meio onde vivemos, que, em muitos casos, é rasa e influenciada por mitos e falsas crenças. Vários de nós crescemos ouvindo dizer que o dinheiro é sujo, que o capitalismo é mau, que ricos exploram pobres, que diploma não garante emprego e que problemas financeiros são consequências das condições ambientais. Essas crenças e hábitos, aprendidos informalmente e passados adiante, são pressupostos incompletos que moldaram nossa relação com o dinheiro de forma limitada e repleta de enganos. Para piorar ainda mais o cenário, parte da cultura ao nosso redor sussurra continuamente aos nossos subconscientes que o dinheiro é fonte de problemas, que é algo que corrompe e que quem tem sucesso financeiro deu sorte na vida ou é desonesto. E assim, de forma quase imperceptível, crescemos condicionados a pensar da mesma forma e seguir o mesmo caminho.

É claro que o ambiente em que vivemos também influencia nossas oportunidades, e que injustiças sociais e barreiras econômicas reais existem. Não vivemos em um mundo perfeito. Ainda assim, mesmo diante das dificuldades, o sucesso financeiro está ao alcance de muitos que, com esforço, disciplina e mudança de mentalidade, conseguem romper essas limitações e construir uma vida mais digna, segura, confortável e próspera. E, ao nos tornarmos autossuficientes e prósperos, melhoramos nossa condição social e ampliamos nossa capacidade de ajudar outros, aliviando o fardo daqueles ao nosso redor que têm mais necessidades e condições limitantes do que nós.

Este livro contém muita direção e ensinamentos que eu gostaria de ter recebido ainda quando jovem. É um convite para romper com paradigmas e olhar para o dinheiro de uma maneira especial — não como algo ruim ou que depende da sorte, mas como um recurso poderoso que pode ser usado com sabedoria para elevar nossa condição de vida. Vou abordar aqui conceitos que não fazem parte do currículo escolar convencional, mas que são fundamentais para construir uma vida financeira saudável. Desde a administração simples do orçamento até a criação de múltiplas fontes de renda e o entendimento dos mecanismos que fazem seu capital crescer.

Em vez de sermos reféns do dinheiro, podemos aprender a fazer dele nosso aliado. Esse é o objetivo deste livro: compartilhar os fundamentos de uma vida próspera, feliz, sólida e segura, ancorada em decisões financeiras planejadas, responsáveis e inteligentes. Por meio de conceitos práticos e experiências reais, quero te mostrar que é possível prosperar de forma honesta, criar novas oportunidades, proteger o que é seu e ainda multiplicar seu patrimônio de forma consistente.

O caminho para a prosperidade não é instantâneo nem fácil. Exige paciência, dedicação e disciplina. Mas, com os alicerces certos, você pode construir uma vida mais tranquila, que vai além da simples sobrevivência e de raros momentos de conforto. Você pode ter a segurança de saber que suas finanças estão sob controle e que o futuro está sendo planejado com clareza e confiança. Esta obra é um guia para todos aqueles que desejam não apenas ganhar dinheiro, mas usá-lo como um meio para alcançar seus sonhos e garantir uma vida digna para si e para sua família. Nas próximas páginas, vou te ensinar a trabalhar cinco áreas essenciais que formarão os pilares do seu sucesso financeiro: administrar seu dinheiro, criar novas fontes de renda, construir muralhas de defesa, multiplicar seu capital e planejar seu futuro.

Independentemente da sua situação financeira atual, os princípios ensinados neste livro são libertadores e podem ser aplicados em qualquer momento da vida. Mesmo que você não tenha muitos recursos agora, é possível colocá-los em prática em proporções menores, criando hábitos que, aos poucos, transformarão sua realidade. Seja bem-vindo a esta jornada emocionante de aprendizado e transformação.

Um comentário importante: ao longo dos capítulos, você encontrará convites para ação, além de sugestões de anotações e reflexões. Recomendo que tenha um marca-texto, um caderno e uma caneta à mão para registrar suas respostas, pois escrever seus pensamentos e planos ajudará a consolidar o aprendizado, estimulará novas ideias e facilitará a aplicação prática dos conceitos no seu dia a dia. Fazer disso um hábito durante a leitura tornará sua experiência mais rica e transformadora — e não apenas superficial e infrutífera.

CAPÍTULO 1

ADMINISTRE SEU DINHEIRO

ANTES DE FALAR DE DINHEIRO, VAMOS FALAR DE TRABALHO

Para a grande maioria das pessoas, colocar em prática qualquer estratégia financeira primeiro requer ter uma fonte de renda proveniente do trabalho. Pode parecer óbvio, mas muita gente deseja melhorar de vida e, ao mesmo tempo, rejeita oportunidades que estão ao alcance. Muitos querem um emprego, mas não querem ter trabalho. Recusam funções mais simples, esperando algo ideal ou até que um projeto pessoal dê certo. Com isso, passam meses ou até anos sem nenhuma renda, esperando a condição ideal. O resultado é ociosidade, conflitos familiares, frustração e baixa autoestima. Nem é preciso dizer que, com essa atitude, mesmo os melhores conhecimentos sobre finanças não tiram ninguém do lugar.

O progresso financeiro começa quando nos colocamos em movimento. Mesmo que o trabalho disponível não seja o que você sonhou, ele pode ser o suficiente para manter as contas em dia, evitar dívidas, abrir portas e garantir dignidade. Não há problema nenhum em começar por baixo ou fazer algo diferente da sua formação ou expectativa. O mais importante é gerar renda, manter-se ativo e continuar evoluindo.

Além disso, é em muitos desses trabalhos simples que surgem grandes ideias. Pessoas curiosas e comprometidas, ao lidarem com as dificuldades do dia a dia, identificam falhas, lacunas, dores ou necessidades não resolvidas e criam soluções que se transformam em negócios milionários. O olhar atento e a disposição para servir com excelência podem abrir espaço para descobertas valiosas e empreendimentos de êxito. Não se trata de desistir dos seus objetivos, mas de se manter produtivo enquanto eles não se realizam. Muitas histórias de sucesso começaram em empregos temporários, funções de apoio ou trabalhos operacionais. *O que faz a diferença não é por onde você começa, mas a disposição de agir enquanto aprende e se prepara para algo maior.*

Eu aprendi essa lição na prática quando estava com aproximadamente 25 anos. Havia terminado de servir uma missão religiosa, prestando serviços voluntários das 6h30 da manhã até as 9h30 da noite, durante dois anos seguidos. Fiquei esse tempo sem ter nenhuma renda e, quando voltei para casa, sem nenhuma formação, consegui um subemprego com remuneração muito baixa. Inconformado com a situação, lembrei que, quando eu era garoto, minha mãe ajudava significativamente na renda de casa vendendo esfihas para lanchonetes e bares. Eu tinha doze anos naquela época e era eu quem fazia as entregas no bairro com uma bicicleta da marca Barra Forte.

Com essa lembrança e uma idéia em mente, pedi demissão do emprego e convenci minha mãe a fazer 30 esfihas pequenas para que eu pudesse tentar vender da mesma forma. Não foi fácil, mas naquele dia saí de bar em bar oferecendo amostras e propondo entregar os pedidos no dia seguinte sem compromisso. A pessoa só me pagaria se conseguisse vender. Recebi muitos nãos, mas também alguns sims e, ao final de duas semanas, já estava ganhando sete vezes mais do que no trabalho anterior, com quinze clientes fixos, incluindo uma lanchonete de rodovia que recebia ônibus de viagem 24 horas por dia. Isso exigia acordar as três horas da manhã, todos os dias, para começar a produção de esfihas. Aprendi com isso que trabalho simples não mata ninguém. Pelo contrário, traz dinheiro honesto, motivação, dignidade e um alicerce real para passos maiores.

Por fim, quero introduzir aqui um conceito fundamental para o progresso financeiro que você vair ver eu repetir muitas vezes neste livro: *a prosperidade está mais relacionada com como se gasta do que com quanto se ganha.* Se você terminou o mês sem dever nada a ninguém e com algum dinheiro na carteira, saiba que você já é um privilegiado e um vencedor. Segundo a pesquisa da Confederação Nacional do Comércio, divulgada em abril de 2025, apenas duas de cada dez famílias brasileiras não estão endividadas.

EQUILÍBRIO DAS CONTAS

Para tornar sua leitura mais interessante, vou começar este capítulo compartilhando uma outra experiência pessoal da minha juventude, quando dei meus primeiros passos no mundo do trabalho e do dinheiro. Durante a adolescência, trabalhei em diversas funções aqui e ali, nas mais variadas atividades possíveis. Para ter uma ideia, dos doze até os dezoito anos, atuei como auxiliar em padaria, casa de tintas, feira, fábrica de artesanato, mecânica, lava-rápido, serralheria, marcenaria, borracharia, funilaria, lanchonete, açougue e loja de roupas.

Nessas oportunidades, o dinheiro que eu ganhava sempre parecia escapar das minhas mãos muito mais rápido do que o tempo que levava para consegui-lo. Lembro-me claramente de um dia, nos meus primeiros anos de trabalho, refletir sobre o fato de que, apesar de já ter ganhado algum dinheiro na minha curta vida, ele havia desaparecido por completo.

Foi então que decidi fazer um cálculo rápido e aproximado para descobrir quanto eu teria acumulado se tivesse poupado o salário todos os anos e meses até aquele momento. O valor, embora não fosse nada impressionante nas condições atuais, me deixou espantado naquela época. Percebi que poderia ter feito muito mais se tivesse economizado uma parte, em vez de gastar tudo assim que recebia.

Algum tempo depois, mesmo sem ter recebido nenhuma educação financeira formal, fiquei sabendo que era possível comprar dólares e que essa moeda tendia a se valorizar. Não me lembro da fonte exata — talvez tenha sido em uma conversa despretensiosa ou vinda de alguém com algum conhecimento financeiro. Mas, movido pela curiosidade, procurei descobrir onde ficava uma casa de câmbio e comecei a comprar alguns dólares todos os meses ao receber meu pequeno salário.

Hoje, olhando para trás, percebo que, naquela década de 1980, o Brasil vivia uma era de superinflação e que, sem saber, eu estava não apenas poupando e protegendo meu capital, mas também multiplicando-o com a valorização cambial. Acidentalmente, havia encontrado uma estratégia eficaz de investimento, mesmo com toda a minha inexperiência. Pouco tempo depois, fui capaz de comprar à vista uma motocicleta Vespa azul usada — algo que jamais imaginei ser possível até aquele momento. Lembro até hoje da surpresa, da desconfiança e do espanto do vendedor ao ver um jovem, de origem simples, fazer um pagamento em dólares. Esse momento marcou um ponto de virada na minha relação com o dinheiro — a percepção de que o planejamento e as escolhas certas podiam abrir portas para oportunidades que antes pareciam inalcançáveis.

Esse aprendizado inicial, embora casual e talvez básico para muitas pessoas, me mostrou algo essencial: para alcançar objetivos maiores, é preciso investimento, disciplina e controle sobre o dinheiro que passa por nossas mãos. O primeiro passo para administrar bem as finanças é garantir que o dinheiro não se esvaia tão rapidamente quanto chega.

Equilibrar receitas e despesas é um princípio fundamental para construir uma vida financeira sólida e alcançar o que se deseja de forma sustentável. Isso significa, na prática, *gastar menos do que se ganha* e fazer sobrar um valor que seja direcionado tanto a uma reserva de emergência quanto aos nossos objetivos futuros. Nos próximos capítulos, vou abordar em mais detalhes como usar suas economias mensais de maneira estratégica e inteligente.

O que começo a propor aqui não se trata de abrir mão de toda diversão ou viver uma vida cheia de privações, mas sim de tomar decisões conscientes e viver dentro de suas condições atuais — plantando para colher frutos mais abundantes no futuro. O dinheiro que gastamos deve estar alinhado com aquilo que realmente importa para nós, em vez de ser impulsionado apenas pelo momento ou por desejos passageiros, como uma viagem dispendiosa fora de hora ou um eletrônico caro e pouco utilizado. No fim das contas, é muito melhor fazer alguns sacrifícios por alguns anos, enquanto ainda se tem saúde e disposição, do que adiar decisões importantes e passar décadas no futuro lidando com limitações e precariedade que poderiam ter sido evitadas.

Por isso é tão importante planejar. Quando você sabe quanto ganha, quanto gasta e o que realmente é prioridade, tudo fica mais claro. Assim, sobra dinheiro para seus objetivos de longo prazo e você evita cair em dívidas ou viver sempre no aperto.

Quando se pensa em equilíbrio nas finanças, o foco deve ser a constância e a disciplina. Não se trata de cortar tudo o que nos dá prazer, mas de encontrar um ponto de equilíbrio — onde possamos viver razoavelmente hoje, sem negligenciar o amanhã. Mesmo quem ganha pouco pode aplicar esse princípio em menor escala, começando com pequenas mudanças e economias. Dessa forma, é possível criar uma base sólida desde já e estar preparado para administrar melhor quando a renda aumentar. Cada pequena economia feita, cada valor guardado, nos aproxima dos nossos maiores objetivos.

A sensação de comprar algo significativo à vista, como aconteceu comigo no caso da motocicleta, é um exemplo simples — mas o mesmo princípio é aplicável para conquistas ainda maiores. Que bom que a primeira lição que aprendi foi *"poupar e depois comprar"*, em vez de descobrir cedo o mundo dos empréstimos e acabar me tornando escravo das dívidas. Quantas pessoas conhecemos que começam cedo nas dívidas e se perpetuam em um ciclo vicioso por toda a vida?

Aqui quero fazer uma pausa para enfatizar uma constatação importante já mencionada: *o sucesso financeiro tem pouco a ver com quanto você ganha, mas tudo a ver com a maneira como você gasta.* Há muitos exemplos de pessoas que, apesar de ganharem grandes somas de dinheiro, terminaram endividadas e dependentes de favores. Pense em atores, músicos e atletas que fizeram fortuna e acabaram falidos — como um famoso boxeador que chegou a acumular centenas de milhões de dólares ao longo da carreira, mas depois, passou anos afundado em dívidas. Também há muitos relatos de ganhadores da loteria que, poucos anos após o prêmio, se encontraram em uma situação financeira pior do que antes de receber a fortuna.

Isso demonstra que não importa o quanto se ganha, mas sim como se administra e como se tomam decisões em relação aos gastos. Sem equilíbrio e planejamento, qualquer quantia — por maior que seja — pode se esgotar rapidamente. Quero aqui enfatizar um pouco mais esse conceito fundamental, pois isso é realmente importante: independentemente de quanto você ganha, se a soma dos seus gastos costuma ser maior do que a soma dos seus ganhos, você está seguindo a receita do fracasso — e dificilmente irá romper esse cíclo e prosperar.

Muitas pessoas também têm uma compreensão equivocada sobre como os ricos utilizam o próprio dinheiro, frequentemente associando riqueza a roupas caras e gastos supérfluos. É comum imaginar que pessoas ricas estão sempre comprando carros de luxo, mansões e vestindo as últimas tendências de marcas famosas. Isso pode até ser verdade para alguns, especialmente aqueles que herdaram dinheiro e nunca precisaram construir sua própria riqueza — o que os leva, muitas vezes, a não entender o valor do dinheiro nem o processo natural de adquirí-lo. A realidade é que grande parte dos ricos que conseguem manter e crescer seu patrimônio ao longo do tempo são, na verdade, bastante cautelosos e frugais com seus gastos — e é por isso que enriquecem. Eles evitam despesas desnecessárias e preferem investir seu dinheiro em ativos que trazem retorno financeiro, em vez de gastá-lo em itens de ostentação.

É evidente que eventualmente se permitem alguns luxos e confortos que cabem no bolso, mas, como regra geral, costumam comprar o que atende a uma necessidade real — não apenas a um desejo momentâneo. Por outro lado, muitas pessoas que antes tinham recursos limitados e começam a prosperar acabam se deixando levar pela necessidade de ostentar. Ironicamente, passam a exibir mais do que os próprios ricos, comprometendo uma parte significativa da renda com itens caros apenas para transmitir uma imagem de sucesso. Lembro que, na minha adolescência, via vários colegas tão pobres quanto eu parcelando roupas e tênis de "marca", comprometendo mais da metade de seus pequenos salários só para parecerem mais abastados. Esse comportamento, além de fútil, muitas vezes leva ao endividamento e ao desequilíbrio financeiro permanente.

Há evidências de que muitas pessoas ricas são cautelosas com seus gastos, ao contrário do que alguns imaginam sobre o comportamento dos milionários. Thomas J. Stanley e Sarah Stanley Fallaw, autores do livro *The Next Millionaire Next Door: Enduring Strategies for Building Wealth* (O Próximo Milionário Mora ao Lado: Estratégias Duradouras para Construir Riqueza.), pesquisaram mais de 600 milionários nos Estados Unidos e descobriram que eles tendem a manter seus custos de moradia baixos, economizar uma grande parte da renda e evitar gastar em coisas que não contribuem para o crescimento de sua riqueza.

Esses milionários atestam que gastar mais do que se ganha, ou antecipar uma futura riqueza por meio de empréstimos, pode tornar alguém dependente do salário — mesmo que esse salário seja alto. Isso sugere fortemente que a verdadeira riqueza é construída e mantida através de escolhas inteligentes e equilibradas, e não por uma vida de excessos irresponsáveis.

Ainda na juventude, a convite de um amigo empresário, visitei o apartamento de um conhecido dele que aparentava ter uma vida extremamente próspera. O imóvel era enorme, só a sala tinha vários ambientes modernos e, na garagem, um carro importado novo. Além disso, ele se vestia muito bem e parecia um executivo. Ninguém poderia imaginar que aquele homem estava, na verdade, à beira do colapso financeiro. Pouco tempo depois, fiquei sabendo que ele havia perdido o emprego, não conseguia outro trabalho com um salário semelhante e estava passando dificuldades. Na verdade, tudo o que sustentava aquela imagem de sucesso era alugado ou financiado e sem a mesma renda, sua estrutura desabou rapidamente, revelando que sua prosperidade era apenas fachada e temporária.

Note que o conceito mais básico e fundamental de equilíbrio financeiro envolve garantir que nossas despesas sejam não apenas menores do que nossas receitas, mas também compatíveis com nossa realidade social e nível de renda, a fim de garantir continuidade e estabilidade. Isso significa viver de forma que possamos atender às nossas necessidades, permitir alguns desejos e ainda assim manter uma margem de segurança. Mesmo pequenas mudanças nos hábitos de consumo, como evitar compras impulsivas ou comparar preços, podem ajudar a criar esse equilíbrio. Essa disciplina não apenas contribui para um presente mais confortável, como também prepara o terreno para um futuro muito mais tranquilo e cheio de possibilidades.

No entanto, quando negligenciamos esse princípio básico, as consequências vão muito além das contas no vermelho. O estresse causado por dívidas, a ansiedade diante das obrigações mensais e a sensação constante de insegurança podem afetar profundamente nossa saúde mental e emocional. Esses sentimentos, quando prolongados, podem evoluir para quadros de depressão, baixa autoestima e até mesmo conflitos familiares graves. A tensão financeira é uma das principais causas de brigas entre casais e pode comprometer o futuro e a qualidade de vida de toda uma família. Cuidar das finanças, portanto, não é apenas uma questão de números — é uma questão de bem-estar geral.

E me permita aqui desarmar uma armadilha comum que aprisiona mentalmente muitos consumidores descuidados: não assuma automaticamente que seu orçamento está no limite e que não há espaço para mudanças. Muitas vezes, pensamos assim porque não queremos abrir mão de certos gastos favoritos, mesmo que sejam inadequados. Não é fácil, mas é possível viver dentro da própria renda. Às vezes, isso exige fazer alguns sacrifícios ou até buscar ajuda em momentos difíceis. Ainda assim, é melhor do que depender do limite do cartão de crédito ou recorrer a empréstimos para cobrir gastos pessoais.

No próximo tópico, sobre como montar um orçamento, vamos abordar estratégias práticas que vão ajudar você a conquistar esse equilíbrio de forma consciente e sustentável.

Convite para ação: Reflita sobre como você tem lidado com seu dinheiro e quais áreas precisam melhorar. Defina quando e quais mudanças você vai começar a implementar para iniciar sua transformação. Talvez seja o caso de reduzir gastos em uma área específica ou controlar melhor as compras para manter-se dentro da sua receita mensal.

ORÇAMENTO BÁSICO E EFICAZ

Como comentei no início deste livro, muitos anos atrás, servi como missionário de tempo integral por dois anos no interior dos estados do Paraná e São Paulo. Durante esse período, os missionários recebiam uma pequena mesada duas vezes por mês, destinada a cobrir despesas básicas como café da manhã, transporte e itens de higiene — sendo que outras necessidades eram providenciadas pela organização.

No meu primeiro mês, sem muita noção de planejamento, gastei praticamente toda a mesada de uma vez no supermercado, comprando itens de marcas caras e com variedade, como se eu estivesse abastecendo uma despensa pessoal. Só fui me dar conta do erro alguns dias depois, quando precisei pedir dinheiro emprestado ao meu companheiro de serviço para pagar minhas passagens de ônibus. Aquela experiência jovial e vergonhosa foi um grande aprendizado. A partir dali, comecei a montar um orçamento simples, passei a controlar melhor os gastos, a escolher itens mais baratos e até consegui economizar e manter uma pequena reserva para emergências até o final da missão.

Vamos aprender neste capítulo sobre a importância do orçamento, que é uma ferramenta essencial para manter o equilíbrio financeiro. Pode parecer complicado para alguns à primeira vista, mas a ideia é bem simples: um orçamento nada mais é do que um plano para o uso do seu dinheiro em um determinado período de tempo.

Imagine que você está planejando uma viagem — antes de partir, você decide para onde quer ir, calcula quanto vai gastar em combustível, em hospedagem e em diversão, tudo de acordo com a quantidade de dinheiro que tem separado para essa finalidade. Um orçamento é como esse plano de viagem, mas, nesse caso, para a sua vida financeira, ele ajuda a garantir que o seu dinheiro esteja sendo alocado na quantidade adequada para cada necessidade, de forma organizada e eficiente, sem descontroles.

Falando de forma sequencial e prática, um orçamento é primeiramente dividido em diferentes categorias de despesas, como moradia, alimentação, transporte, lazer e poupança. Dentro dessas categorias, some as suas despesas fixas, como aluguel, seguros, contas de luz, água e outras que não variam muito de um mês para o outro. Depois, faça o mesmo com as despesas variáveis, como lazer, roupas, restaurante e gastos com saúde. Por fim, reserve um valor fixo ou percentual de sua renda para imprevistos, investimentos, metas de longo prazo e doações para boas causas, pois retribuir faz parte do ciclo de prosperidade e ainda retorna para você de formas surpreendentes. Vamos ver um exemplo de orçamento logo adiante, mas o segredo está em manter a informação visível e organizada, para que você possa tomar decisões conscientes, com tranquilidade, e evitar perder o controle sobre suas finanças.

Uma boa analogia para o orçamento é imaginar que ele funciona como os limites de velocidade de uma estrada. Se você sabe que existe um limite, isso te ajuda a dirigir com mais segurança, evitando acidentes. Da mesma forma, definir limites para cada categoria de gastos evita que você acabe "acelerando" demais em alguma área, colocando em risco seu equilíbrio financeiro. Se você ultrapassa um pouco em uma categoria, é possível reduzir em outra para garantir que o saldo geral se mantenha positivo.

Veja, se por exemplo, você destina uma quantia para lazer, pode aproveitar sem culpa esse recurso, sabendo que aquele valor foi previamente planejado. Organizar suas finanças evita surpresas desagradáveis no final do mês, como perceber que gastou demais em algo que não era prioridade.

Você pode usar o método que mais se sinta confortável para criar o orçamento e controlá-lo ao longo do mês. Pode ser um caderno, uma planilha eletrônica ou mesmo um aplicativo para essa finalidade. No próximo tópico, quero mostrar os benefícios de usar a tecnologia para facilitar essa tarefa e extrair informações rápidas para a tomada de decisão.

Um orçamento não precisa ser rígido, mas deve ser consistente. A ideia não é limitar sua liberdade, mas sim dar clareza e propósito para suas escolhas. Com um orçamento em mãos, você passa a enxergar claramente a situação das suas finanças, entende para onde o dinheiro está indo e assume o controle, tomando decisões alinhadas ao que é melhor para você e seus objetivos.

Pode parecer um pequeno gesto, mas, assim como qualquer outra grande jornada, é justamente o conjunto de pequenos primeiros passos planejados que certamente leva ao destino desejado.

Exemplo Simples e Prático de Orçamento Mensal

Visando tornar esse conhecimento mais objetivo e prático, vamos imaginar um caso hipotético de um orçamento mensal para alguém que recebe 5.000 "dinheiros" por mês. Este exemplo é apenas ilustrativo e pode não representar valores atuais nem contempla todas as categorias possíveis, mas o que mais importa aqui é ilustrar como começar seu planejamento:

CATEGORIA	VALOR
RECEITAS TOTAIS	**$5.000**
Moradia	$1.500
Contas de consumo	$300
Transporte	$250
Educação	$500
Lazer	$250
Supermercado	$600
Reserva de Emergência	$300
Poupança	$200
Outros (Roupas, restaurante, doações, etc.)	$1.000
DESPESAS TOTAIS	**$4.900**
SALDO	**$100**

Esse exemplo básico mostra como você pode distribuir sua renda de forma equilibrada, garantindo que todas as necessidades sejam atendidas e que a soma das despesas fique sempre abaixo do total das receitas. Procure incluir no seu planejamento uma reserva para emergências e uma poupança voltada aos seus objetivos. Assim, você cobre tudo o que é essencial e, ao mesmo tempo, se prepara para o futuro, mantendo uma margem de segurança. O mais importante é que o orçamento seja seguido com fidelidade, sendo adaptado quando necessário, mas sempre respeitando os limites que você mesmo definiu.

SIMPLES ENVELOPES RESOLVERAM O PROBLEMA

Para mostrar como uma forma de orçamento pode ser simples e eficaz, vou contar o que um grande amigo meu faz para organizar suas finanças mensalmente. É uma solução prática e acessível, que funciona muito bem para ele.

Depois de definir o orçamento, ele divide o dinheiro do mês em envelopes separados por categoria. Um envelope para supermercado, outro para roupas, outro para lazer, e assim por diante. Isso permite ter uma visão clara e concreta de quanto pode gastar em cada área, ajudando a evitar excessos. Durante o mês, sua família vai utilizando o dinheiro de cada envelope conforme o previsto. Se, por exemplo, o valor reservado para lazer acaba, eles apenas aguardam o próximo mês para retomar esse tipo de gasto. Essa prática trouxe a ele uma sensação real de controle e segurança. Eu nunca o vi pedindo dinheiro emprestado ou passando por dificuldades.

No meu caso, uso recursos automatizados e deixo até mesmo os fundos temporários rendendo juros. Mas a lição que fica com o exemplo do meu amigo é simples: o sucesso financeiro não está nos recursos mais modernos ou nas ferramentas mais caras, mas sim na disciplina e no compromisso com um plano, por mais simples que ele seja. Mesmo um sistema como o dos envelopes pode funcionar muito bem, desde que seja levado a sério. E vale lembrar que começar com o que se tem a disposição no momento é muito mais poderoso do que esperar o cenário ideal. No final do dia, o que mais importa é fazer isso com consistência e manter o equilíbrio entre o que se ganha e o que se gasta.

Convite para ação: Faça uma lista com os principais tipos de despesas que você tem todo mês e estime quanto gasta em cada uma delas. Use essas informações para criar o seu orçamento para o próximo mês. Não se preocupe se ele não estiver perfeito de início — você poderá ajustá-lo com o tempo. Defina também como pretende acompanhar seus gastos no dia a dia, seja com papel e caneta, planilha ou aplicativo. O mais importante é começar o mais rápido possível.

USO DA TECNOLOGIA

No mundo atual, temos à disposição inúmeras ferramentas tecnológicas que podem tornar a tarefa de equilibrar nossas finanças mais fácil, prática e eficiente. A tecnologia oferece recursos que tornam simples o controle do orçamento e permitem que sejamos mais precisos na gestão do nosso dinheiro. Planilhas, aplicativos de finanças e softwares específicos são aliados poderosos para manter as contas organizadas e garantir que estamos seguindo o plano financeiro.

Imagine seu orçamento como um quebra-cabeça. É possível montá-lo à mão, encaixando peça por peça, mas o processo pode ser mais demorado e sujeito a falhas. Já, com as ferramentas digitais, tudo se encaixa mais rápido, automaticamente e com menos esforço, permitindo uma visão clara e rápida da situação completa através de relatórios consolidados.

Planilhas eletrônicas, como as do Google ou do Excel, são uma ótima maneira de começar. Elas permitem organizar suas receitas e despesas em categorias, realizar cálculos automáticos e visualizar rapidamente para onde o dinheiro está indo. A principal vantagem é a flexibilidade: você pode ajustar a planilha conforme sua realidade, adicionando ou removendo categorias e campos conforme necessário.

Além das planilhas, há também uma série de aplicativos que tornam o controle financeiro ainda mais acessível. Esses aplicativos oferecem funcionalidades como a integração com cartões e contas, o acompanhamento de gastos em tempo real, alertas para quando você estiver próximo do seu limite de orçamento e até relatórios visuais que ajudam a entender como está utilizando seu dinheiro. Alguns aplicativos são tão intuitivos que, ao registrar suas despesas, eles automaticamente as classificam em categorias, facilitando a análise do orçamento no final do mês.

Existem vários aplicativos nas lojas da Apple ou Google, grátis ou pagos que você pode baixar e testar. Eu mesmo criei e cormecializo o meu próprio app, o SmartCash. Ele foi desenvolvido especificamente para ajudar as pessoas a gerenciar seu orçamento e ir além disso, estimular nelas a mudança de hábitos e aplicação dos princípios de finanças de forma natural. Apenas resolvi falar de meu aplicativo aqui, porque esse livro, na verdade, surgiu por causa dele. O SmartCash App não apenas permite que se registre receitas e despesas, mas também estimula e instrui nas cinco áreas abordadas ao longo deste livro. Ele fornece avaliações e pontuações em estilo de gamificação (gamification), permitindo perceber claramente como está se saindo em cada aspecto da vida financeira. Saiba mais sobre esse aplicativo no link abaixo.

www.smartcashclub.com

ESTILO DE VIDA SUSTENTÁVEL E DURADOURO

Gostaria agora de compartilhar um ponto essencial, que impacta profundamente e positivamente os resultados financeiros de qualquer pessoa: a adoção de um estilo de vida de sustentável e duradouro. Isso significa manter as finanças saudáveis ao consumir de acordo com o que realmente podemos pagar com nossa própria renda. Em outras palavras, *não existe um meio eficiente de elevar artificialmente nosso padrão de vida recorrendo a empréstimos, sem pagar um preço bem mais alto por isso.* O desejo de aparentar uma riqueza que ainda não temos, ou a ânsia de antecipar o consumo de algo que não podemos comprar com conforto, são armadilhas perigosas que comprometem nossa estabilidade financeira e reduzem a capacidade de gerar riqueza no longo prazo.

Lembre-se sempre disso: crédito, financiamento, consignado, parcelamento, cheque especial, limite de conta, crediário e prestação são todos sinônimos de dívida. Todos representam o ato de pegar dinheiro emprestado de outras pessoas para comprar algo que não temos condições de pagar à vista. Podemos, portanto, afirmar com a mais garantida certeza: *sempre que recorremos a dinheiro emprestado, estamos assumindo um nível socioeconômico que não nos pertence, porque alguém esta patrocinando nossos gastos excedentes.*

Manter um estilo de vida financeiramente sustentável nos proporciona a segurança de enfrentar desafios inesperados, como uma perda de emprego ou doença passageira, sem grandes impactos negativos. Quando dependemos de dívidas para sustentar um nível de vida acima do que realmente podemos pagar, ficamos vulneráveis a contratempos, que acontecem para todos mais cedo ou mais tarde. Qualquer imprevisto pode se tornar um grande problema, pois a inadimplência se torna uma carga limitante. Adotar uma abordagem mais cautelosa e realista nos permite construir uma base financeira resistente. Ter disciplina, sabedoria e, principalmente, paciência em nossas decisões de compra é fundamental para manter nossas finanças saudáveis e dormir tranquilos à noite.

Um outro pilar para conservar a estabilidade financeira é tomar decisões de consumo com cautela. Antes de realizar uma compra, pergunte-se se o item é realmente necessário ou se está sendo impulsionado apenas pelo desejo do momento. É fácil se deixar levar pelo impulso de comprar o último modelo de celular ou roupas da moda, mas, em muitos casos, essas compras não são necessárias e não agregam valor significativo à nossa vida.

Uma maneira de evitar a aquisição por impulso é não comprar nada caro de imediato, seja por pressão de vendedores ou pelo medo de perder uma promoção. As lojas são especialistas em criar narrativas para fechar vendas e bater metas. Se ficar nessa situação, adie a decisão em alguns dias ou semanas para ter tempo de pensar melhor nas consequências e impactos financeiros. Você pode se surpreender ao perceber que, após alguns dias, aquilo que parecia tão desejável agora já não soa tão necessário assim.

Outro ponto importante é evitar se endividar para adquirir bens de consumo caros, como automóveis ou imóveis que estão além da sua capacidade financeira. Optar por um modelo de automóvel mais acessível ou por uma moradia dentro das suas possibilidades evita compromissos financeiros excessivos e libera recursos para outras prioridades, como investimentos, emergências e lazer. Especialistas recomendam que o total de dívidas não ultrapasse 35% da renda mensal, para que não haja comprometimento da estabilidade financeira. Assim, você garante mais liberdade e reduz o risco de pressões futuras que podem comprometer seu bem-estar.

Procure adquirir esse tipo de bem focando nos benefícios básicos que ele oferece, e não se deixando levar por características secundárias e dispensáveis. Por exemplo, compramos um carro porque precisamos de um meio de transporte seguro, minimamente confortável, que nos leve do ponto A para o ponto B, e atenda às nossas necessidades reais. No entanto, ao incluir requisitos subjetivos na decisão de compra, como um modelo específico, acessórios ou acabamentos de luxo, aumentamos significativamente o custo final. Além disso, o automóvel é um bem que se desvaloriza com o tempo e com o uso. Por outro lado, as condições e preferências de cada pessoa são diferentes. Se você tem recursos suficientes para adquirir o carro dos seus sonhos sem comprometer o seu orçamento, está tudo bem buscar mais conforto e satisfação pessoal.

Cuidar bem das finanças também passa por evitar dívidas desnecessárias e pensar duas vezes antes de fazer um financiamento. Evitar o parcelamento e planejar-se para comprar à vista quando possível garante maior controle sobre seus recursos e reduz os encargos, que são dinheiro jogado fora. Tenha em conta que financiamentos incluem taxas de empréstimos e custos extras não presentes em compras à vista. Por exemplo, financiar uma casa ou carro exige pagar comissões de venda, custas com o registro inicial e, ao término do contrato, as taxas de transferência definitiva para seu nome.

Outra vantagem de comprar à vista é que o poder de negociação está a seu favor, significando que você pode conseguir descontos e melhores condições do que quando depende de aprovação de crédito. Cuidar bem do seu dinheiro significa ponderar sinceramente antes de fazer um parcelamento ou pegar um empréstimo, porque o alívio momentâneo pode virar muita preocupação e dor de cabeça mais adiante.

Ainda mais, algumas pessoas, ao começarem a prosperar e ganhar mais, elevam imediatamente seu estilo de vida. Mesmo que ainda gastem dentro dos próprios limites, esse comportamento pode ser prejudicial, pois adia a liberdade financeira e desperdiça a oportunidade de investir esses recursos extras para acelerar a conquista de objetivos futuros.

Aqui vai uma pergunta: o que você faria se sua renda dobrasse de tamanho repentinamente? Algumas pessoas poderiam pensar em alterar seu padrão de vida, comprando itens mais caros ou incluindo novos gastos. Outras, talvez, enxergassem isso como uma oportunidade de construir uma base financeira sólida, poupando ou investindo a diferença. A melhor escolha seria manter o mesmo estilo de vida por alguns anos, utilizando o valor extra para eliminar dívidas ou investir com sabedoria, multiplicando o dinheiro e garantindo um futuro mais seguro.

Posso afirmar por experiência própria que manter o estilo de vida mesmo após uma melhora na renda é uma escolha poderosa. Quando me mudei para os Estados Unidos para cursar um mestrado em Sistemas de Informação, fui surpreendido pela eclosão da pandemia da COVID-19 no mesmo ano. Minhas economias se esgotaram rapidamente, e quase não consegui pagar os estudos. Vivemos por quase dois anos com o mínimo possível, em um pequeno apartamento, comprando apenas o necessário para manter a vida. Adquirimos móveis usados, buscamos recursos gratuitos oferecidos pelo estado ou pela comunidade e seguimos com disciplina. Após concluir o curso, consegui emprego, e pouco tempo depois, uma nova oportunidade aumentou consideravelmente minha renda. A prosperidade nos tirou do sufoco, mas decidimos manter o mesmo padrão de vida por mais um tempo. Com isso, conseguimos rapidamente quitar dívidas estudantis e de um veículo usado, além de economizar o suficiente para dar uma entrada superior a 20% na compra de nossa casa no exterior.

Isso só foi possível porque resistimos à tentação de elevar imediatamente o consumo e priorizamos nossas metas maiores.

Da Bíblia extraímos um conselho sábio e profundamente atual que se encaixa perfeitamente nesse tema: "Na vossa paciência possuí a vossa alma." (Lucas 21:19)

Convite para ação: Reflita se há ajustes possíveis no seu estilo de vida que poderiam liberar recursos para começar a aplicar algum dos princípios ensinados neste livro. Em seguida, monte um plano simples e viável para colocar isso em prática.

GESTÃO DAS DÍVIDAS

Entender como gerenciar dívidas é uma parte essencial para alcançar a estabilidade financeira e evitar noites de insônia e angústia. O ideal mesmo é fugir de qualquer tipo de dívida, mas muitas vezes elas são inevitáveis, seja para adquirir um imóvel, financiar a educação, comprar ferramentas de trabalho ou enfrentar uma emergência inesperada.

No entanto, a forma como lidamos com essas dívidas faz toda a diferença entre um futuro financeiro equilibrado e um constante estresse com compromissos financeiros. Neste capítulo, vamos explorar as diferentes naturezas das dívidas, como administrá-las e quais estratégias usar para reduzi-las ou eliminá-las de forma sustentável.

Primeiramente, *é importante diferenciar entre dívidas produtivas e dívidas de consumo*. Dívidas produtivas são aquelas que, de alguma forma, trazem um retorno financeiro ou ajudam a construir um patrimônio que, de outra forma, seria muito difícil ou impossível adquirir. Um bom exemplo é o financiamento imobiliário ou um empréstimo para abrir um negócio. Já as dívidas de consumo, como o parcelamento de eletrônicos ou os gastos em cartões de crédito, geralmente não agregam valor a longo prazo e podem se tornar uma carga financeira pesada e desnecessária. Saber diferenciar esses tipos de dívida é o primeiro passo para uma boa gestão financeira e para decisões mais conscientes na hora de recorrer a empréstimos.

Para manter as dívidas sob controle, o ideal é evitar o acúmulo de compromissos financeiros com altas taxas de juros, como cartões de crédito e empréstimos pessoais. Não meça esforços nem disciplina para renegociar, evitar e eliminar essas dívidas. Mas, quando o endividamento já é uma realidade, é importante listar todas as dívidas, identificar suas taxas de juros e priorizar o pagamento das mais caras primeiro.

Outra estratégia eficaz é tentar negociar melhores condições, como juros mais baixos ou prazos maiores, e buscar formas de redirecionar recursos para quitar essas obrigações o quanto antes. Também se pode pensar em trocar as dívidas mais caras por modalidades de empréstimos com taxas de juros menores. Por exemplo, se você tem uma dívida grande de consumo no cartão de crédito, pode considerar refinanciar seu carro para quitar o débito por meio de um financiamento mais barato. Em ciclos normais da economia, os juros de empréstimos para compra de veículos são bem mais baixos do que os dos cartões de crédito, que, na maioria dos casos, são exorbitantes. A regra é não se conformar em pagar juros altos, e sim começar a buscar alternativas e substituições que reduzam significativamente os encargos que consomem seus recursos. Mas fique atento às taxas embutidas para não ser conduzido a enganos.

Para ilustrar o exemplo que dei, vamos supor que você tenha uma dívida de três anos no valor de 30 mil "dinheiros" em empréstimo pessoal e possua um carro quitado que, para facilitar a conta, também vale 30 mil. Refinanciar o próprio carro seria uma ótima opção, assim como vendê-lo e parcelar outro veículo mais barato pode ajudar a reduzir suas despesas com juros mais baixos. Veja a seguir um comparativo hipotético com diferença de juros que talvez não reflita exatamente a realidade macroeconômica que você vive, mas que, de forma didática, se aplica à maioria das situações e períodos.

Vamos considerar aqui um financiamento de 30 mil em um prazo total de 3 anos.

Tipo de Dívida	Juros ao Ano	Parcela	Total a Pagar
Empréstimo	24%	1.167,30	42.022,80
Veículo	10%	980,70	35.305,20

Observe que a simples troca de um tipo de dívida por outra pode gerar uma economia aproximada de 6.700 em dinheiro e proporcionar algum alívio no orçamento mensal. Isso é inteligência financeira colocada em prática.

No entanto, perceba que nenhuma iniciativa como essa será realmente eficaz sem antes identificar e eliminar as causas que originaram a dívida. Refinanciar um empréstimo pode parecer uma boa solução, mas se o problema original continuar existindo, a dívida logo retornará, criando um ciclo vicioso e permanente.

Veja um outro exemplo: suponha que você esteja pensando em pegar um empréstimo para abrir ou expandir seu negócio. Antes de assumir essa dívida, pense com calma se as parcelas cabem no valor que o negócio consegue faturar por mês. Ou seja, mesmo com o pagamento do empréstimo, ainda deve sobrar dinheiro suficiente para cobrir as despesas do dia a dia, pagar os funcionários, manter o estoque em ordem e, claro, garantir que você também consiga tirar seu sustento.

Me permita abordar aqui um tema muito sensível e responsável por muitas dores de cabeça para uma parcela grande da população. Os cartões de crédito e limites de conta corrente podem até parecer ferramentas úteis para facilitar a vida financeira, e de fato podem ser — mas somente para pessoas extremamente disciplinadas. Utilizados com sabedoria, eles ajudam a organizar as despesas mensais, acumular benefícios e construir um bom histórico de crédito. Porém, para a maioria das pessoas, especialmente aquelas que ainda estão aprendendo a controlar suas finanças, essas ferramentas se tornam verdadeiras armadilhas. O crédito fácil gera uma falsa sensação de poder de compra e cria um ciclo perigoso de endividamento.

As taxas de juros do rotativo do cartão de crédito e dos limites bancários estão entre as mais altas do mercado. Quem não consegue pagar a fatura integral acaba acumulando encargos que crescem rapidamente e podem levar à inadimplência em pouco tempo. E o pior: muitos ainda continuam usando o cartão mesmo após estarem endividados, alimentando um ciclo que se torna cada vez mais difícil de sair. Por isso, se você sabe que tem dificuldade para resistir a tentações ou controlar gastos impulsivos, a melhor decisão é eliminar o risco completamente. Cancelar os cartões, remover ou diminuir os limites de conta pode ser libertador. Comprar somente à vista é um caminho mais seguro e, ao longo do tempo, muito mais vantajoso. Pode parecer radical, mas, é melhor destruir imediatamente seus cartões de plástico do que permitir que eles destruam sua paz e sua liberdade.

Se você está enfrentando hoje uma situação de dívidas sufocantes e fora de controle, pode ser prudente fazer um sacrifício temporário e considerar a possibilidade de assumir um segundo emprego. Essa atitude pode acelerar significativamente o processo de quitação das dívidas e ajudar você a se livrar mais rápido do peso da escravidão financeira.

Como mencionei anteriormente, após concluir meu mestrado, consegui eliminar algumas dívidas, mas durante aproximadamente dois anos mantive dois empregos formais. Essa decisão exigiu muito esforço. Foram dias de trabalho com mais de doze horas, mas valeu a pena. Consegui resolver a situação mais rápido do que imaginava e ainda economizei o suficiente para dar entrada na compra da casa. Foi um período desafiador, mas passou. E a recompensa foi tão duradoura que até hoje colho os frutos dessa atitude e escolha.

Por fim, quero dizer que a gestão consciente das dívidas não apenas alivia a pressão financeira, como também permite que você concentre seus esforços na construção de um futuro mais estável e promissor. Ao eliminar as dívidas que escravizam e limitam sua vida, você conquista paz, liberdade e equilíbrio pessoal, além de abrir caminho para o crescimento e o aproveitamento de novas oportunidades.

RESILIÊNCIA EM CRISES FINANCEIRAS

Momentos de adversidade financeira são mais comuns do que se imagina e exigem menos reação e mais ação. A perda ou redução da renda pode ocorrer de diversas formas, como desemprego, doenças, falecimentos ou outros fatores impactantes. Quando a renda é significativamente afetada e já não é possível pagar todas as despesas, a pior decisão é ignorar a situação e insistir em um estilo de vida insustentável recorrendo a dívidas.

Ajustes desconfortáveis são urgentes e necessários, mas devem ser encarados como medidas estratégicas para preservar sua estabilidade financeira, física e emocional, evitando que a crise se transforme em um problema ainda maior e duradouro. Reduzir despesas antes que a situação se agrave não é sinal de fracasso, mas de prudência. Nesse cenário, seu pior inimigo é usar o otimismo, dizendo para si mesmo que tudo vai ficar bem em pouco tempo, para justificar o uso de crédito pessoal.

Observe, que nesses momentos, o que menos importa é a opinião dos outros. O foco deve estar no seu bem-estar e no da sua família. Isso pode significar humildade para temporariamente vender bens, mudar para uma moradia mais barata, cancelar assinaturas, viagens, festas e serviços supérfluos, renegociar contratos e reduzir gastos com supermercado e lazer.

Embora essas decisões possam parecer difíceis no curto prazo, elas representam um compromisso com a recuperação e com a retomada do controle financeiro. Agir proativamente e ter uma conversa aberta com todos os afetados torna o período de crise menos amargo e evita um endividamento desnecessário, que poderia criar uma bola de neve insustentável e adiar por anos a volta à normalidade. Afinal, nem sempre a solução do problema acontece no prazo que estimamos ou desejamos.

Lembre-se: situações adversas e emergenciais exigem medidas de igual ou maior proporção. Em outras palavras, o curativo deve sempre ser imediato e maior do que a ferida. Um band-aid nunca pode substituir cuidados médicos, ações antissépticas e reparações emergenciais em condições graves.

Já em casos de desemprego ou perda de receita, uma outra atitude essencial em momentos de crise financeira é não ter vergonha de aceitar trabalhos temporários ou posições que estejam abaixo da sua qualificação enquanto as coisas não se estabilizam. Muitas vezes, o orgulho e o medo do julgamento impedem que a pessoa tome decisões que seriam estratégicas para manter o mínimo de fluxo de caixa e dignidade. Em uma emergência, o foco deve estar em proteger sua estabilidade, conservar a reserva financeira e manter a estrutura familiar funcionando, mesmo que isso signifique adiar planos maiores por um tempo.

Aceitar um emprego mais simples, um serviço por diária, ou fazer algum trabalho autônomo enquanto busca uma recolocação melhor não é retrocesso — é sabedoria e maturidade. Grandes histórias de superação incluem momentos em que pessoas deixaram o ego de lado e fizeram o que era necessário. O que realmente importa é manter alguma renda circulando para que você continue honrando seus compromissos e evitando o acúmulo de dívidas que poderiam ser evitadas. O tempo vai passar de qualquer forma, o importante é usar esse período com inteligência, sem paralisar a vida enquanto espera por "aquela vaga ideal".

Outra atitude valiosa nessas situações é envolver toda a família no enfrentamento da crise. Reunir todos para uma conversa franca, como um conselho de família, pode fazer uma grande diferença. Compartilhar a situação, dividir responsabilidades e alinhar expectativas cria um senso de unidade e propósito. Todos podem ajudar, seja economizando nas contas de casa, evitando desperdícios ou até buscando oportunidades individuais de renda extra. Quando cada membro da família entende o cenário desafiador e participa da solução, o peso se torna mais leve. Além disso, essa união fortalece os laços familiares e ensina valores importantes como cooperação, disciplina e resiliência.

Uma última coisa importante a se ponderar e reconhecer sobre este assunto é que *a verdadeira resiliência não está apenas em suportar a tempestade, mas em ajustar as velas para atravessá-la com segurança e inteligência, saindo dela mais forte e experiente.*

Convite para ação: Se você tem dívidas, liste todas elas e escolha a primeira ação concreta que pode tomar ainda hoje — seja renegociar uma dívida, cancelar um cartão de crédito ou parar de usar o limite da conta. Não espere a situação piorar. Caso não tenha dívidas, parabéns — renove o compromisso pessoal de manter-se assim, evitando quaisquer dívidas de consumo.

CAPÍTULO 2

CRIE NOVAS FONTES DE RENDA

RISCOS DE UMA ÚNICA FONTE DE RENDA

Contar com apenas uma única fonte de renda é como caminhar sobre uma corda bamba sem rede de segurança. Embora possa parecer confortável e estável a curto prazo, essa dependência coloca sua segurança financeira em risco. Mudanças inesperadas no mercado de trabalho, crises econômicas, falências ou outros imprevistos podem interromper essa fonte abruptamente, deixando você vulnerável e sem alternativas imediatas.

Empresas fecham, empregos são perdidos e até mesmo negócios considerados estáveis podem enfrentar quedas repentinas. Sem outras fontes de receita para ampará-lo, o impacto financeiro pode ser devastador, esgotando recursos, gerando dívidas e limitando seu poder de escolha. O cenário se torna ainda mais crítico quando não há uma reserva financeira e as dívidas já fazem parte da rotina.

A Queda dos Irmãos Lehman

Uma história que ilustra bem os riscos de depender de uma única estratégia financeira ou de concentrar demais os ativos é o colapso do bilionário Lehman Brothers, um dos maiores bancos de investimento do mundo, que entrou em falência durante a crise financeira de 2008 nos Estados Unidos. O banco cresceu rapidamente ao apostar fortemente no mercado de hipotecas subprime, um setor que parecia lucrativo enquanto os preços dos imóveis estavam em alta. Nos anos que antecederam a crise, a empresa expandiu de forma agressiva seus investimentos em títulos arriscados, lastreados em hipotecas (Mortgage-Backed Securities) e outros produtos financeiros complexos baseados no crédito imobiliário. Enquanto o setor permanecia aquecido, os lucros eram altos e a estratégia parecia infalível.

No entanto, o banco cometeu um erro fatal ao assumir riscos excessivos e concentrar sua exposição majoritariamente no setor imobiliário. Quando a bolha das hipotecas subprime estourou, os ativos do Lehman Brothers perderam valor rapidamente, e a instituição acumulou prejuízos bilionários. Diferentemente de outros bancos, que receberam apoio governamental para evitar o colapso, o Lehman não conseguiu obter um resgate federal nem encontrar um comprador. Como resultado, em setembro de 2008, o banco pediu falência, registrando a maior quebra da história dos Estados Unidos, com um impacto devastador sobre os mercados globais.

A lição é clara: não se deve depender de uma única fonte geradora de receita. Para indivíduos e empresas, essa dependência é extremamente arriscada. A diversificação é fundamental para a sobrevivência financeira. Assim como o Lehman Brothers foi destruído por não expandir suas operações além do setor imobiliário, qualquer pessoa que dependa de uma única entrada de recursos pode enfrentar grandes dificuldades se essa fonte for interrompida de forma repentina.

Depender de um único recurso pode nos aprisionar em uma zona de conforto que impede nosso progresso. O medo de perder essa única segurança financeira desestimula a busca por novas oportunidades, seja ao considerar uma mudança de emprego ou ao tentar abrir um negócio próprio. A ausência de alternativas nos força, muitas vezes, a aceitar condições inferiores no trabalho, como baixos salários, falta de reconhecimento e escassas perspectivas de crescimento, simplesmente por não termos margem para arriscar. Sem uma rede de proteção, qualquer tentativa de mudança parece arriscada demais, e acabamos presos a uma situação que limita nosso potencial e impede que exploremos novas formas de prosperar. Diversificar as fontes de renda não apenas oferece segurança, como também nos dá liberdade para buscar aquilo que realmente nos motiva, sem o constante medo de perder o sustento.

Culturalmente, muitos de nós crescemos com a mentalidade de buscar um bom emprego e depender exclusivamente dele para garantir nosso sustento. Essa visão, muitas vezes reforçada por gerações anteriores, valoriza a estabilidade acima de tudo e desencoraja a tomada de riscos. Em muitos casos, a ideia de diversificar fontes de renda sequer é debatida ou considerada. Esse modo de pensar, no entanto, precisa ser transformado. O mundo moderno oferece inúmeras oportunidades para gerar múltiplas fontes de renda, seja por meio de empreendimentos digitais, investimentos ou trabalhos paralelos. Continuar preso à ideia de um único emprego pode limitar nossa capacidade de crescimento financeiro e pessoal.

Para construir uma base financeira mais sólida e resiliente, é fundamental superar essas barreiras culturais e adotar uma visão mais aberta sobre diversificação e empreendedorismo, especialmente em uma época de transição tecnológica, em que recursos avançados de inteligência artificial estão ameaçando e literalmente substituindo mão de obra humana e especializada em diversas áreas.

MUDANÇA DE PARADIGMA

Mudar o paradigma sobre como pensamos nossa renda é fundamental para romper com a dependência de um único fluxo financeiro. Durante muito tempo, fomos incentivados a seguir o modelo tradicional: estudar, conseguir um bom emprego e depender exclusivamente dele até a aposentadoria. Essa ideia de estabilidade, tão valorizada por gerações anteriores, precisa ser revista à luz das transformações econômicas e tecnológicas que o mundo está passando.

Vivemos em uma era de constantes mudanças, onde os empregos tradicionais já não oferecem as garantias de antigamente. A globalização, a automação e a inteligência artificial estão transformando o mercado de trabalho de forma irreversível e acelerada. Profissões estão desaparecendo ou mudando drasticamente, e depender de uma única fonte de renda se tornou algo arriscado e limitante. É preciso adotar um novo modo de pensar, em que a diversificação e a capacidade de adaptação sejam vistas como fundamentais para garantir segurança financeira.

Diversificar a renda não significa necessariamente abrir um negócio ou trabalhar doze horas por dia. Pode ser algo simples, como transformar um hobby em uma fonte de receita adicional, buscar formas de renda passiva por meio de investimentos menores ou mesmo trabalhar em projetos paralelos. O importante é não depender exclusivamente de um único emprego. Essa mudança de abordagem permite mais liberdade para enfrentar desafios e aproveitar oportunidades que surgirem ao longo da vida. Até mesmo uma desejada mudança de profissão se torna menos desafiadora quando se tem alternativas de renda para suportar um período de adaptação e o salário de entrada, que costuma ser menor nesses casos de recomeço profissional.

Um novo paradigma significa assumir o controle do próprio destino financeiro. É sair da passividade, deixar de ser apenas um assalariado ou dono de um negócio limitado e se tornar um agente ativo na construção de um futuro mais seguro e próspero. Nesse processo de mudança, enfrentar o medo é essencial para quebrar o ciclo de dependência e garantir que a renda seja resiliente o suficiente para sustentar sua família em qualquer situação. Quando adotamos esse novo modo de pensar, passamos a enxergar a vida financeira como algo dinâmico e cheio de possibilidades, não mais como um caminho linear e delimitado.

ANALOGIA DAS TORNEIRAS

Imagine sua vida financeira como um reservatório de água. As torneiras que colocam água nesse reservatório representam suas fontes de renda, enquanto as que retiram água simbolizam seus gastos e compromissos financeiros. Quando você tem apenas uma pequena torneira abastecendo o reservatório, como o salário mensal, e várias retirando água, como contas, despesas e compras, a água escoa rapidamente. Isso torna difícil manter o reservatório cheio e garantir o abastecimento contínuo.

Agora, pense no que acontece quando você adiciona mais torneiras para abastecer o reservatório. Com mais fontes de entrada, o volume de água que entra se torna maior do que o que é retirado. As torneiras de saída continuam ali, mas o fluxo de entrada passa a superar o de saída, permitindo que o reservatório comece a se encher. Com o tempo, você pode até precisar de outros reservatórios, pois o volume armazenado cresce. Isso simboliza a possibilidade de acumular riqueza, fazer investimentos e construir um futuro mais seguro.

Perceba que essa analogia também permite comparar a abertura e o fechamento de cada torneira com o controle que você tem sobre suas receitas e despesas. Você pode, por exemplo, fechar um pouco algumas torneiras de saída até que o fluxo de entrada se torne maior. Isso ajuda a evitar que o reservatório se esvazie e que seja necessário recorrer a uma mangueira externa, como um empréstimo.

A ideia de aumentar as fontes de renda é justamente garantir que o volume de entrada seja suficiente para manter o reservatório cheio, mesmo com as várias torneiras de saída. Mais torneiras de entrada significam mais segurança e flexibilidade financeira. Quando o fluxo de entrada supera o de saída, é possível não apenas manter o reservatório estável, mas também criar um excedente que permita investir, fazer reservas e se preparar para o futuro. É por isso que diversificar suas fontes de renda é tão importante: transforma um fluxo instável e limitado em uma fonte constante e abundante, garantindo estabilidade e prosperidade a longo prazo.

Figura: Uma fonte de renda, duas fontes de renda, múltiplas fontes de renda.

DESPERTANDO PARA NOVAS FORMAS DE GANHAR DINHEIRO

Despertar para novas formas de ganhar dinheiro acontece quando se abre a mente para oportunidades que muitas vezes passam despercebidas no nosso dia a dia. Isso não é algo novo; ao longo da história, as pessoas sempre buscaram maneiras de complementar a renda por meio de serviços, produtos ou investimentos paralelos. Se você já recebeu um catálogo de cosméticos de uma distribuidora autônoma ou foi convidado para uma reunião de negócios de representação de alguma marca, sabe do que estou falando.

Hoje, no entanto, o mundo moderno oferece uma quantidade muito maior de oportunidades complementares ao tradicional emprego formal. Existem muitas formas de criar novas fontes de renda, que vão desde pequenos negócios e prestação de serviços até investimentos em ativos financeiros e aluguel de bens. Você pode explorar negócios próprios, fornecer serviços especializados, participar de plataformas digitais, investir em ações, fundos imobiliários ou títulos de renda fixa, ou até transformar propriedades em oportunidades de aluguel, como alugar espaços para eventos ou equipamentos. Também há possibilidades envolvendo marketing digital, programas de afiliados e até a monetização de habilidades e conhecimentos pessoais. A chave é entender que, além do emprego formal, há uma vasta gama de oportunidades, tanto tradicionais quanto modernas, para diversificar sua renda e alcançar maior prosperidade financeira.

Gostaria de compartilhar a história real de uma mulher que começou sua jornada profissional longe dos holofotes e, ainda assim, construiu uma trajetória extraordinária ao se permitir descobrir uma nova paixão, mesmo em uma fase mais madura da vida. Julia Child, uma das chefs mais famosas do mundo, é um exemplo inspirador de como uma segunda fonte de renda pode surgir a partir de algo simples e pessoal, como o amor pela culinária.

Julia não começou sua carreira na cozinha. Durante a juventude, trabalhou como secretária no serviço público dos Estados Unidos e só teve contato com a gastronomia após se mudar para a França com o marido, já na casa dos trinta anos. Ao experimentar os sabores locais, encantou-se com a culinária francesa e decidiu se matricular em um curso de cozinha, mesmo sem experiência anterior ou planos claros de carreira nessa área. A partir dessa escolha aparentemente simples, tudo mudou. Julia se dedicou com afinco ao aprendizado, escreveu um livro que traduzia as técnicas da culinária francesa para os americanos, e o sucesso foi imediato. Esse livro deu origem a um programa de televisão que a transformou em uma figura querida nos lares dos Estados Unidos. Seu talento e carisma natural fizeram com que, ao longo dos anos, ela se tornasse um ícone da cozinha mundial — tudo isso depois dos 40 anos, e sem ter começado com nenhum recurso especial além de curiosidade, vontade de aprender e disposição para agir.

O que a história de Julia nos ensina é que uma nova fonte de renda, ou mesmo uma nova carreira, pode nascer de um interesse genuíno, de algo que se ama fazer. Não é preciso largar tudo de imediato, nem ter tudo planejado desde o início. Muitas vezes, o que começa como um hobby, um curso ou uma simples tentativa pode florescer em algo muito maior. Ao abrir a mente para novas possibilidades, você começa a enxergar valor onde antes via rotina. Buscar novas formas de gerar renda, não apenas melhora sua vida financeira, mas amplia sua liberdade, fortalece sua identidade e talvez até descubra um propósito maior na sua existência.

Oportunidades como essas estão em toda parte, esperando para serem descobertas. Ao abraçar essa mudança de mentalidade, você começará a enxergar novas possibilidades com mais clareza e a aproveitar caminhos que antes pareciam invisíveis. Iniciar o exercício de buscar novas maneiras de ganhar dinheiro muda sua percepção de forma definitiva. Você nunca mais verá as coisas da mesma forma e passará a reconhecer oportunidades de renda em todos os lugares ao seu redor.

OPÇÕES DE RENDA PASSIVA

Caso você não tenha muito tempo para atuar várias horas além de seu principal trabalho, rendas passivas podem ser a chave para gerar dinheiro com menos envolvimento direto, permitindo que você ganhe enquanto foca em outras atividades ou descansa. Um dos maiores atrativos da renda passiva é justamente a possibilidade de construir uma base financeira estável sem depender exclusivamente do seu tempo e esforço diário. As opções incluem investimentos em fundos imobiliários, dividendos de ações, aluguéis de ativos, royalties de livros ou músicas e até mesmo a criação de um canal atemporal no YouTube com conteúdo monetizado que exija poucas horas por semana. Se você tem uma personalidade cativante, talvez possa até se tornar um influenciador em uma área de conhecimento que domina, criando conteúdo com potencial de renda contínua.

Uma das minhas primeiras iniciativas de empreender foi em 2008, no setor de tecnologia. Eu ainda era bastante inexperiente e tentei abrir uma agência de criação de sites, seguindo o caminho tradicional de oferecer serviços, gerar orçamentos e, eventualmente, fechar alguns desenvolvimentos. Depois de alguns meses, percebi que esse modelo não estava funcionando bem, e o processo de criação, apresentação e fechamento de propostas era extremamente demorado e enfadonho. No entanto, após criar um site para uma imobiliária, notei que o mesmo modelo de páginas, que permitia ao proprietário gerenciar imagens e ofertas de imóveis, era facilmente replicável. Foi aí que tive a ideia de alugar esse tipo de site em vez de vendê-lo. Dessa forma, o dono da imobiliária ou corretor autônomo não precisava arcar com os altos custos de desenvolvimento de um site completo, mas podia pagar um valor mensal acessível para ter os mesmos benefícios básicos de um site personalizado.

Como resultado, em algumas semanas, consegui cerca de cinquenta novos clientes com uma oferta mais fácil de ser vendida, graças ao maior benefício oferecido por um preço reduzido. Mas a parte mais interessante dessa história de inovação é que, depois de replicar cada site para um novo cliente, o aluguel do serviço passou a cair mensalmente na minha conta, sem que eu precisasse fazer muito mais além de algumas atualizações ocasionais de tecnologia. Por forças maiores e devido a outras iniciativas, acabei interrompendo esse negócio e apenas continuei atendendo alguns desses clientes ao longo dos anos. Mesmo hoje, dezesseis anos depois, ainda mantenho alguns poucos e fiéis clientes que continuam me pagando mensalmente. É uma renda passiva que, embora tenha diminuído em número de clientes, ainda gera receita até hoje sem exigir grandes esforços ou tomar muito do meu tempo.

Existem muitos outros exemplos interessantes de renda passiva, como o licenciamento de fotografias em plataformas especializadas, hospedagem de sites, locação de sistemas, planos de assinatura de serviços ou produtos, entre outros. Uma vez criados e disponibilizados, esses materiais podem gerar royalties continuamente, sem que seja necessário um esforço constante. Além desses exemplos modernos, ainda existem os tradicionais aluguéis de ativos, como imóveis, artigos para festas, ferramentas, veículos, roupas e similares. Embora construir renda passiva nem sempre seja algo rápido, os frutos colhidos a longo prazo podem garantir uma fonte constante de receita e proporcionar uma vida financeira mais tranquila e menos dependente de fatores externos.

FATURANDO COM PRODUTOS DIGITAIS E INTELIGÊNCIA ARTIFICIAL

Como profissional da área de tecnologia da informação, eu não poderia deixar de destacar o imenso potencial que a revolução digital, especialmente com o avanço da inteligência artificial, tem gerado para quem deseja empreender ou complementar sua renda. Nunca antes na história foi tão acessível transformar conhecimento, talento ou experiência pessoal em um produto digital capaz de alcançar milhares ou até milhões de pessoas. Produtos digitais como cursos online, e-books, templates de design, fotografias, cursos, softwares sob demanda, aplicativos, entre outros, possuem uma característica extremamente vantajosa: são escaláveis. Isso significa que, uma vez criados, podem ser vendidos repetidamente sem custos adicionais de produção, armazenamento ou logística. Com uma única ideia bem executada, é possível gerar receita recorrente com pouco ou nenhum envolvimento diário.

A inteligência artificial, por sua vez, amplia ainda mais esse leque de possibilidades. Ferramentas de IA estão sendo usadas para automatizar serviços repetitivos, criar experiências personalizadas, gerar conteúdo com qualidade profissional e até mesmo desenvolver produtos inteiros com base em comandos simples. Hoje, com ferramentas como geradores de imagens, vídeos e textos, é possível criar apresentações, sites, artes, textos ou soluções digitais completas em questão de horas, o que antes, levaria semanas ou meses.

Por exemplo, pequenos empreendedores têm utilizado chatbots baseados em IA para atender seus clientes 24 horas por dia, de forma eficiente e com baixo custo. Criadores de conteúdo usam IA para criar imagens, para montar roteiros de vídeo, responder dúvidas de seguidores ou manter canais ativos mesmo com pouco tempo disponível. Alguns transformaram hobbies em renda automatizada com lojas de produtos digitais, licenciamento de artes, assinaturas de conteúdo exclusivo ou até assistentes virtuais criados por IA para nichos específicos — como secretárias, professores, interpretes, gamers e outros.

Você não precisa ser um expert em tecnologia para começar. Hoje existem plataformas intuitivas que permitem criar, hospedar e vender seus próprios produtos digitais com poucos cliques. Explorar esse mundo é abrir as portas para renda passiva, escalabilidade e liberdade de tempo. É possível gerar resultados reais sem depender exclusivamente da sua presença física, do seu esforço direto ou de uma estrutura empresarial tradicional. Se você tem um conhecimento valioso, uma ideia útil, ou apenas curiosidade para aprender algo novo, há um espaço esperando por você nesse ecossistema digital. Comece pequeno, mas comece. Aprenda sobre um tema, teste ferramentas, lance um primeiro produto simples. *Feito é sempre melhor que esperar o perfeito.* Você pode se surpreender com o retorno.

INVESTIMENTOS NO MERCADO DE CAPITAIS

Parte da minha própria estratégia de diversificação inclui ensinar turmas a operar na bolsa de valores americana. Além de ministrar cursos, uma das minhas fontes alternativas de renda mais lucrativas é atuar como day trader nesse mercado. Todos os dias, acordo mais cedo para comprar e vender ações antes de iniciar meu trabalho de tempo integral. Essa habilidade, desenvolvida com treinamento e prática, me permite aumentar minha renda mensal apenas movimentando o capital da minha reserva.

Se você dispõe de algum tempo livre, ser seu próprio gestor financeiro pode criar um ambiente ilimitado de novas fontes de renda. No mercado de ações, por exemplo, há diversas estratégias para quem deseja investir com diferentes níveis de envolvimento e risco. O buy and hold é um método voltado para o longo prazo, no qual o investidor adquire ações de empresas sólidas e bem geridas, mantendo-as na carteira por anos para usufruir da valorização e dos dividendos. Já o swing trade é uma abordagem de médio prazo, onde o investidor busca lucrar com oscilações de preço ao longo de dias ou semanas. Para aqueles que preferem operações mais dinâmicas, têm disponibilidade diária e coração forte, o day trade consiste em comprar e vender ativos dentro do mesmo dia, explorando pequenas variações de preço. Mas veja, embora essas alternativas tenham potencial de altos retornos, também exigem educação técnica, preparo, simulações, disciplina e um rigoroso controle de risco para não perder dinheiro em vez de ganhar.

Agora, se seu tempo é restrito e você tem sensibilidade a riscos maiores, os fundos de investimento são uma opção versátil para quem busca diversificação sem a necessidade de gerenciamento ativo. Existem diversos tipos de fundos, cada um com características distintas. Os fundos de ações investem majoritariamente em um conjunto de empresas listadas na bolsa e são uma alternativa para quem deseja exposição ao mercado acionário sem precisar escolher e acompanhar os papéis individualmente. Já os fundos multimercado combinam diferentes classes de ativos, como ações, renda fixa e câmbio, oferecendo maior flexibilidade e potencial de retorno ajustado ao risco. Os fundos imobiliários (FIIs) e os Real Estate Investment Trusts (REITs) são excelentes alternativas para gerar renda passiva por meio do setor de imóveis, sem a necessidade de lidar com a burocracia e a gestão de propriedades físicas. Ativos assim, distribuem dividendos periódicos provenientes de aluguéis ou valorização dos ativos, proporcionando um fluxo constante de receita com maior liquidez do que imóveis tradicionais. Perceba, porém, que quanto menor o risco e o trabalho envolvido, menor tende a ser a rentabilidade recebida. Mais à frente retornarei a este assunto com outros detalhes sob o tema de rendimentos e juros.

Seja por meio de fundos diversificados, investimentos imobiliários ou estratégias no mercado de ações, o mercado de capitais oferece inúmeras possibilidades para construir renda passiva de forma escalável e sustentável. Escolher os ativos e estratégias corretos pode garantir retornos consistentes, alinhados ao perfil de risco e aos objetivos financeiros de cada investidor. No entanto, para ter sucesso e maximizar os ganhos, é fundamental dedicar tempo para se educar continuamente, acompanhar o mercado e aprimorar o conhecimento sobre investimentos.

100 IDÉIAS PARA FONTES DE RENDA ALTERNATIVAS

Se até este ponto da leitura você ainda não encontrou uma ideia de renda extra para começar, quero incentivá-lo de forma prática, apresentando uma ampla variedade de oportunidades disponíveis. Elaborei uma lista com cem ideias iniciais que podem servir como ponto de partida para sua jornada. Talvez você encontre algo que se alinhe com um talento ou uma área de interesse pessoal. Além disso, você pode ampliar suas possibilidades pesquisando mais informações online sobre alguns desses tópicos e conhecendo relatos de pessoas que já atuam nessas áreas.

1. Venda de produtos em marketplaces (e.g., Mercado Livre, Amazon)

2. Afiliado de produtos digitais (e.g., Hotmart, Monetizze)

3. Criação de cursos online (e.g., Udemy, Teachable)

4. Freelance de design gráfico (e.g., Fiverr, Upwork)

5. Edição de vídeos para YouTubers ou influenciadores

6. Serviço de levar animais de estimação para passear

7. Venda de fotos em bancos de imagem (e.g., Shutterstock, Adobe Stock)

8. Aluguel de imóveis pelo site Airbnb

9. Marketing de afiliados (e.g., Amazon Associates)

10. Consultoria online em uma área de expertise

11. Dropshipping (Vendas online usando estoques de terceiros)

12. Entrega de pedidos de comida por aplicativo

13. Criação de podcasts patrocinados

14. Criação de e-books para venda

15. Criação de um blog e monetização com anúncios (e.g., Google AdSense)

16. Revenda de roupas usadas em brechós online

17. Aulas particulares (presenciais ou online)

18. Arbitragem de criptomoedas

19. Distribuição de comidas congeladas

20. Revenda de produtos importados

21. Criação de um canal no YouTube com monetização

22. Criação e manutenção de Google Business para empresas

23. Desenvolvimento de websites ou landing pages

24. Aluguel de objetos de uso esporádico (e.g., ferramentas, câmeras, cadeiras, projetores)

25. Pintura e restauração de móveis usados para revenda

26. Testes de websites e aplicativos para empresas

27. Aplicação em títulos do Tesouro Direto

28. Venda de artesanato no Etsy

29. Participação em pesquisas de mercado remuneradas

30. Criação de fontes e ícones para venda online

31. Venda de livros de palavras cruzadas

32. Criação de templates para plataformas digitais como Canva

33. Criação de bolos de festa personalizados

34. Criação de um clube de assinaturas (e.g., produtos gourmet, cosméticos)

35. Gestão remota de redes sociais para empresas ou influenciadores

36. Aluguel de vagas de garagem

37. Aluguel de fantasias

38. Aluguel de decoração para festa infantil

39. Produção musical e venda de faixas para produtores de conteúdo

40. Arbitragem de produtos em marketplaces

41. Edição de áudios e podcasts

42. Serviços de SEO (otimização para mecanismos de busca)

43. Venda e entrega de comida caseira

44. Aulas de reforço escolar online

45. Criação de conteúdo para cursos de idiomas

46. Venda de pacotes de presets de fotografia (e.g., Lightroom)

47. Personal trainer online

48. Aluguel de bicicletas ou scooters

49. Participação em testes de produtos beta

50. Desenvolvimento de aplicativos móveis

51. Publicação de um livro no Kindle Direct Publishing

52. Aulas de culinária ou idiomas online

53. Venda de produtos cosméticos como revendedor (e.g., Avon, Natura)

54. Aluguel de roupas para eventos

55. Consultoria financeira pessoal

56. Criação de música para trilhas sonoras

57. Monetização de uma newsletter com assinaturas

58. Atendente de telefone para várias pequenas empresas (Escritório virtual)

59. Gerenciamento de anúncios pagos (e.g., Facebook Ads, Google Ads)

60. Venda de planos alimentares personalizados

61. Produção de conteúdos para redes sociais (e.g., TikTok, Instagram)

62. Participação em programas de cashback e recompensas

63. Venda de guias práticos

64. Serviços de babá ou petsitter

65. Produção de camisetas personalizadas para venda online

66. Criação de quizzes e formulários personalizados para empresas

67. Criação de plug-ins ou temas para WordPress

68. Serviço de conserto de telas de celulares

69. Criação de planners digitais para venda

70. Venda de bordados ou costura personalizada

71. Venda de produtos digitais prontos, como mockups ou gráficos

72. Guia turístico para visitantes locais

73. Aluguel de carros para Uber

74. Criação de canais de ensino no Telegram ou WhatsApp por assinatura

75. Venda de convites e cartões personalizados

76. Análise de dados para pequenos negócios

77. Venda de cursos sobre habilidades específicas (e.g., tricô, jardinagem)

78. Edição de vídeos e fotos para fotógrafos ou eventos

79. Criação de website de notícias monetizados com uso de IA

80. Produção e venda de vídeos tutoriais em plataformas especializadas

81. Venda de software ou scripts personalizados

82. Aluguel de drones para fotos e vídeos aéreos

83. Criação de infoprodutos

84. Criação de arte digital para impressão sob demanda

85. Personalização de sneakers ou tênis

86. Serviços de copywriting

87. Venda de objetos colecionáveis em leilões online

88. Venda de receitas caseiras (e.g., bolos, pães artesanais)

89. Guia de viagens e experiências personalizadas

90. Consultoria para melhorias de currículo e perfil no LinkedIn

91. Locação de espaço para armazenamento de objetos (storage)

92. Criação de cursos para ensinar habilidades específicas em empresas

93. Programação de chatbots para pequenas empresas

94. Assistência para criação de campanhas de crowdfunding

95. Serviços de coaching (vida, negócios, carreira)

96. Venda de kits de artesanato DIY (Faça Você Mesmo)

97. Elaboração de materiais de estudo e preparação para concursos

98. Confecção de brindes personalizados

99. Criação de APIs para desenvolvedores

100.   Organização de eventos online (e.g., workshops, palestras)

Convite para ação: Escolha ainda hoje uma fonte de renda extra que você possa começar neste mês. Pode ser algo simples, como vender um serviço, alugar algo que já possui ou fazer um pequeno investimento financeiro. O mais importante é dar o primeiro passo. Começar, mesmo que com pouco, é o que abre caminho para mudanças maiores.

CAPÍTULO 3

CONSTRUA MURALHAS DE DEFESA

Até aqui os assuntos se mantiveram em torno de ganhar e administrar bem o dinheiro. Mas, assim como cidades antigas construíam muralhas para proteger seus habitantes das ameaças externas, é importante também construir muralhas financeiras para proteger sua vida e seu patrimônio. As muralhas de defesa financeira são compostas por estratégias que garantem estabilidade e segurança em tempos de incerteza. Elas ajudam a se preparar para imprevistos, evitar perdas e otimizar recursos, permitindo que você enfrente os desafios com mais firmeza e siga crescendo de forma estável e segura.

Nesse capítulo, vamos explorar diversas formas de construir essas muralhas de defesa financeira. Vamos abordar desde a criação de uma reserva para emergências, passando pela utilização de seguros temporários, até estratégias de armazenamento de recursos e proteção patrimonial. Cada um desses elementos contribui para uma fortaleza que não só protege o presente, como também garante uma base sólida para o futuro. Também veremos como evitar desperdícios, otimizar impostos e cuidar do corpo, da mente e do espírito que são fatores essenciais para manter uma vida equilibrada e uma defesa verdadeiramente abrangente.

RESERVA PARA EMERGÊNCIAS

Adversidades não são uma questão de "se" vão acontecer, mas de "quando" acontecerão. Ninguém está isento de enfrentar imprevistos, e é justamente por isso que uma reserva financeira se torna essencial. Ela é a base de qualquer planejamento sólido, funcionando como um fundo de segurança para ser utilizado em situações emergenciais ou inesperadas, como despesas médicas, perda de emprego, manutenção do veículo ou outras crises que possam surgir. Ter essa reserva garante que você não precise recorrer à família, contrair empréstimos caros, vender bens ou comprometer investimentos de longo prazo — o que poderia atrasar ou até inviabilizar seus planos futuros, metas e sonhos mais importantes.

Podemos estruturar a reserva financeira como um fundo que, idealmente, cubra de três a seis meses de suas despesas mensais. Isso oferece uma proteção robusta e a tranquilidade de lidar com crises sem pânico financeiro. Essa reserva deve ser tratada como um componente essencial da sua estratégia, funcionando como uma rede de segurança contra imprevistos e permitindo que você tome decisões com mais liberdade, sem ser pressionado por urgências.

Construir essa reserva exige disciplina e um compromisso de economizar regularmente, mesmo que em pequenas quantias. O ideal é estabelecer um valor mensal específico destinado exclusivamente a esse propósito, tratando-o como uma prioridade financeira. Automatizar depósitos em uma conta separada pode ajudar a evitar a tentação de gastar o valor em outras coisas.

Tenha em conta que não se deve esperar para criar a reserva até depois de pagar as dívidas de médio e longo prazo. Recursos emergenciais também servem para manter o pagamento de parcelas em dia, caso haja uma queda temporária de renda. Além disso, a reserva deve estar em um local seguro e de fácil acesso, como uma conta de poupança ou um investimento com liquidez imediata. Assim, o dinheiro estará disponível sempre que necessário, protegido contra perdas e desvalorização da moeda, com algum potencial de crescimento.

Há alguns anos, quando eu já tinha uma certa estabilidade financeira e uma rotina de pagamentos que incluía despesas elevadas com a educação dos filhos, fui demitido repentinamente. Tentei me recolocar no mercado, mas encontrar um novo emprego após os quarenta anos, no Brasil, é um desafio à parte. Decidi então usar metade da minha rescisão para abrir um negócio próprio e gerar alguma receita, enquanto a outra metade reservei como um fundo de emergência para manter as contas em dia. Resumindo essa história: o novo negócio acabou não dando certo. Apesar de ajudar a cobrir algumas despesas, foi a reserva financeira que sustentou o orçamento da minha família por quase dois anos. Se eu não tivesse separado esse valor, combinado com nenhuma dívida, a situação teria se tornado extremamente difícil.

Com o tempo, sua reserva se transforma em um escudo silencioso que oferece tranquilidade e liberdade. Saber que você tem com o que contar em momentos difíceis tira o peso das incertezas e te dá mais confiança para agir sobre a situação. Mais do que uma segurança financeira, ela representa maturidade na sua capacidade de se planejar, se antecipar e continuar cuidando de quem você ama com dignidade e paz de espírito.

SEGUROS TEMPORÁRIOS

Há apenas alguns meses, conheci um homem cuja vida foi virada de cabeça para baixo após um acidente de trabalho. Ele machucou gravemente as pernas e ficou impossibilitado de andar e trabalhar por muitos meses. Durante esse período, não pôde manter sua renda nem arcar com os custos da casa, como fazia até então. Mas o que mais o atormentava não era apenas a dor física ou a falta de dinheiro — era o arrependimento. Poucas semanas antes do acidente, ele havia deixado passar a oportunidade de contratar um seguro contra acidentes, justamente o tipo de proteção que teria amparado sua família naquele momento. Esse seguro, de valor acessível, teria proporcionado mais tranquilidade para todos da casa durante o período de sua reclusão e evitado que precisassem usar todas as reservas e os ganhos futuros para cobrir os custos com médicos e cirurgias.

Os seguros são uma parte essencial da construção das muralhas de defesa financeira, funcionando como uma camada de proteção adicional e acessível que cobre riscos específicos durante um determinado período da sua vida. Eles oferecem suporte em momentos de maior vulnerabilidade, até que você tenha uma reserva de valor ou patrimônio suficientes para cobrir esses riscos por conta própria, sem depender de uma seguradora. Os seguros ajudam a enfrentar situações como doenças, acidentes, invalidez e até mesmo a perda do principal provedor de renda da família, proporcionando mais tranquilidade durante as fases de maior impacto material e emocional.

Por exemplo, seguros de vida são bastante utilizados para garantir que, em caso de falecimento, a família não fique desamparada financeiramente. Já os seguros de invalidez asseguram uma renda caso o segurado fique incapacitado de trabalhar por um período. Existem também os seguros de carro e de residência, fundamentais para proteger bens essenciais contra acidentes, roubos ou desastres naturais. O maior benefício desses seguros está na paz que oferecem, permitindo enfrentar momentos difíceis sem comprometer o planejamento financeiro de longo prazo.

A escolha de um seguro deve ser feita de acordo com suas necessidades e com o momento de vida em que você se encontra. Famílias jovens, por exemplo, podem se beneficiar de um seguro de vida enquanto os filhos ainda são pequenos e dependem do sustento dos pais. Já pessoas que estão iniciando um negócio podem contratar seguros específicos para cobrir possíveis perdas financeiras durante a fase de maior risco da empresa. Trabalhadores autônomos e profissionais liberais podem considerar seguros de renda temporária, que garantem uma cobertura mensal caso fiquem impedidos de exercer sua atividade. Quem está em processo de aquisição de um imóvel também pode se beneficiar de seguros residenciais que protejam contra incêndios, enchentes e furtos, evitando prejuízos inesperados.

Seguros são geralmente mais acessíveis porque funcionam de forma compartilhada, diluindo o risco e o custo entre uma grande quantidade de segurados. O valor do seguro sempre será muito menor do que o custo de arcar com o prejuízo integral por conta própria, o que os torna uma excelente opção para proteger-se financeiramente. Eles desempenham um papel importante na gestão de riscos, ajudando a manter a estabilidade da sua vida e de seus dependentes, mesmo em situações adversas, cobrindo tudo, ou grande parte de seus custos. Incluir seguros no seu plano financeiro é essencial para construir mais uma camada de proteção e garantir noites de sono em fases mais vulneráveis.

ARMAZENAMENTO DE RECURSOS PARA SITUAÇÕES ADVERSAS

Uma reserva financeira não é a única medida necessária para garantir continuidade de recursos em momentos de dificuldade. O armazenamento de comida, água, combustível e outros itens para sobrevivência também é uma estratégia essencial para manter a estabilidade e a segurança em situações que fogem ao controle da família e comprometem o acesso a itens básicos. Você e sua casa precisam estar preparados para enfrentar adversidades do ambiente em que vivem como desastres naturais, instabilidade social, racionamento, apagões ou outras emergências que podem afetar diretamente seu sustento e bem-estar. Essas condições inesperadas nem sempre podem ser contornadas com dinheiro.

Armazenar água potável é uma das primeiras coisas em qualquer preparação para emergências. É recomendável manter uma quantidade suficiente para atender às necessidades de todos os membros da família por pelo menos duas semanas, considerando não apenas o consumo direto, mas também a higiene pessoal e a preparação de alimentos. Além da água, manter um estoque de alimentos menos perecíveis e com longo prazo de validade, como grãos, enlatados, barras de cereais e alimentos desidratados, garante acesso à nutrição mesmo quando os sistemas tradicionais de abastecimento estiverem comprometidos. Não se esqueça também de incluir itens de higiene e recursos para purificação de água em caso de contaminação.

O ideal é ter um armazenamento de alimentos básicos suficiente para cobrir um ano de consumo, o que também serviria como apoio em situações de desemprego ou redução de renda. No entanto, começar com uma reserva para três meses já representa um grande avanço. Uma estratégia equilibrada consiste em adquirir gradualmente esses recursos, comprando, por exemplo, 20% a mais de alimentos não perecíveis a cada mês. Com isso, em pouco tempo será possível construir uma reserva alimentar e, a partir daí, manter um rodízio, consumindo primeiro os produtos com data de validade mais próxima. Dê preferência a alimentos que façam parte da rotina e gostos da sua família para evitar desperdícios.

O armazenamento de combustível é outro aspecto importante. Em situações de crise, o acesso a esse recurso pode ser limitado ou interrompido. Ter uma reserva permite que você continue aquecendo sua casa, utilizando veículos ou abastecendo geradores de energia. Manter o tanque do carro sempre cheio também é uma forma simples e eficaz de se prevenir contra eventual escassez. Além disso, itens como lanternas, baterias, velas e medicamentos básicos são essenciais para garantir segurança, saúde e conforto em casos de desastres. Procure conhecer e seguir as normas de segurança para o armazenamento de combustíveis na sua região.

Ter um plano de armazenamento de recursos essenciais é um componente vital para garantir que sua família esteja preparada e segura diante de qualquer adversidade. Também é importante manter uma pequena reserva em dinheiro vivo, pois apagões ou falhas nos serviços bancários e de pagamento podem impedir o acesso a bancos ou transações eletrônicas. Ter dinheiro disponível garante que você possa adquirir itens essenciais mesmo quando os sistemas tradicionais não estiverem funcionando. Por fim, inclua no seu plano uma forma clara de como você e os membros da sua família irão se encontrar e se comunicar caso os meios habituais estejam indisponíveis.

DE OLHO NO DESPERDÍCIO

Não menos importante, evitar desperdícios também é uma estratégia eficaz para otimizar seus recursos. Desperdício, seja de alimentos, energia, tempo ou dinheiro, representa perdas que poderiam ser evitadas com planejamento, consciência e bom senso. Cada recurso desperdiçado é um prejuízo direto que limita suas possibilidades de acumular riquezas. No Brasil, segundo a Embrapa, aproximadamente 27 milhões de toneladas de alimentos são descartadas por ano. Em energia elétrica, estima-se que até 16% do consumo residencial é perdido por mau uso ou ineficiência. Já a água tratada sofre uma média nacional de perda de mais de 35% durante a distribuição, de acordo com o Instituto Trata Brasil. Esses dados são alarmantes e nos fazem refletir que, mesmo em menor escala, também temos nossa parcela de responsabilidade.

No âmbito doméstico, reduzir o desperdício de alimentos e de energia pode significar economias consideráveis. Planejar as refeições, armazenar ou congelar corretamente os alimentos e evitar compras excessivas são práticas simples que evitam jogar comida fora e, consequentemente, dinheiro. Da mesma forma, ser consciente no uso da energia elétrica e da água ajuda a diminuir os custos com contas mensais, liberando recursos para outras prioridades. Perceba como o simples ato de reduzir pela metade o fluxo de água da torneira enquanto lava a louça não apenas gera economia, mas também reflete o uso responsável dos recursos naturais. Além disso, manter as luzes apagadas em ambientes vazios e desligar aparelhos que consomem energia continuamente são pequenas ações que, somadas, geram resultados concretos na economia dos seus recursos.

Outra questão, talvez inocente, mas igualmente limitante, é a ociosidade. O uso excessivo de redes sociais, jogos, filmes, séries e celulares também pode se tornar uma forma de desperdício, impactando diretamente suas finanças e sua qualidade de vida. Passar muito tempo nesses aplicativos reduz a produtividade, prejudica a saúde física e mental e ainda tira oportunidades de aproveitar a companhia das pessoas, aprender novas habilidades e planejar melhor as questões financeiras. Reduzir o tempo gasto em atividades que não agregam valor e redirecioná-lo para ações produtivas pode acelerar o alcance de suas metas pessoais. Esse é mais um aspecto importante de uma vida equilibrada.

Desperdício de dinheiro também ocorre de forma direta, silenciosa e recorrente em pequenas decisões cotidianas. Assinaturas ou serviços contratados que você não usa, tarifas bancárias desnecessárias, juros de parcelamentos e compras impulsivas são exemplos de vazamentos financeiros que, somados, podem comprometer parte relevante do seu orçamento. Gastar com aquilo que não agrega valor real à sua vida é, de certa forma, pagar para manter hábitos que sabotam seus próprios objetivos. Cancelar serviços que não são essenciais, comparar preços antes de comprar e evitar pagamentos em atraso são atitudes simples que eliminam gastos invisíveis e aumentam sua margem de economia.

Quando você adota uma postura vigilante em relação ao desperdício, os recursos que antes eram desperdiçados podem ser redirecionados para investimentos, poupança ou outras formas de fortalecer sua segurança financeira.

PROTEÇÃO PATRIMONIAL E OTIMIZAÇÃO DE IMPOSTOS

Proteger o patrimônio é uma prática fundamental para garantir a segurança financeira a longo prazo. A proteção patrimonial consiste em adotar medidas que evitem riscos desnecessários e assegurem que os bens acumulados ao longo da vida sejam preservados e utilizados da melhor forma. Além disso, otimizar os impostos é essencial para evitar que uma parte significativa dos rendimentos se perca em tributações excessivas, permitindo manter mais recursos disponíveis para investir em seus objetivos e no bem-estar da sua família.

Uma das formas de proteger seu patrimônio é por meio da diversificação. Investir em diferentes tipos de ativos, como imóveis, ações, fundos de investimento e outros bens, como citado anteriormente, ajuda a reduzir os riscos, pois o impacto negativo de um setor específico pode ser compensado pelo desempenho positivo de outro.

Além disso, é prudente proteger seus bens contra possíveis ameaças legais ou pessoais. Ações judiciais inesperadas, dívidas não planejadas ou até conflitos familiares podem comprometer parte significativa do patrimônio que você levou anos para construir. Para minimizar esses riscos, existem estratégias jurídicas eficazes, como doações, cláusulas de usufruto, separação formal de bens ou a criação de uma holding patrimonial. Esse último tipo de estrutura permite organizar e separar os bens pessoais dos bens empresariais, oferecendo uma camada extra de proteção contra eventuais disputas ou obrigações. Ações como essa também facilitam a gestão e a sucessão dos bens, permitindo que a transferência para herdeiros ocorra de forma mais simples, econômica e planejada, evitando burocracias e possíveis desentendimentos no futuro.

Como abordado em um tópico anterior, a contratação de seguros também é outra maneira eficaz de proteger o patrimônio. Seguros de imóveis, empresas, veículos e até mesmo seguros de responsabilidade civil são importantes para minimizar riscos e assegurar que seu patrimônio esteja resguardado em situações adversas.

Já a otimização de impostos exige planejamento e atenção às possibilidades legais em vigor. Como a legislação está sempre mudando, é importante procurar entender as regras atuais ou contar com o apoio de um contador experiente para identificar benefícios fiscais e formas inteligentes de reduzir a carga tributária. Algumas estratégias simples podem gerar uma economia significativa ao longo do tempo. Por exemplo, investir em previdência privada ou em fundos com isenção de impostos e incluir no seu orçamento despesas com educação e saúde que permitem restituição de impostos já pagos.

Proteger seu patrimônio e otimizar impostos não é apenas uma forma de acumular mais riqueza, mas também de garantir que aquilo que foi conquistado com esforço ao longo da vida seja preservado. Com planejamento e as estratégias certas, é possível construir algo capaz de resistir ao tempo e às adversidades.

MANUTENÇÃO DO CORPO, DA MENTE E DO ESPÍRITO

Você talvez esteja se perguntando por que um livro sobre finanças pessoais incluiria aspectos de saúde e bem-estar. Veja, cuidar da saúde física, mental e espiritual é essencial não apenas para manter uma vida equilibrada, mas também para sustentar sua estabilidade financeira e promover o crescimento pessoal. Se essas áreas não estiverem em harmonia, será difícil manter o foco e o equilíbrio necessários para lidar com os assuntos do dia a dia. A manutenção da saúde geral cria uma base sólida para que você esteja no seu melhor estado, capaz de tomar decisões mais conscientes, enfrentar desafios com clareza e prosperar em todas as áreas da vida.

A saúde física, por exemplo, está diretamente ligada à sua capacidade de trabalhar, produzir e gerar renda. Manter uma rotina de exercícios, adotar uma alimentação balanceada e cuidar da saúde de forma preventiva ajuda a reduzir o risco de doenças que podem causar afastamentos do trabalho, aumentar os custos médicos e comprometer sua produtividade. Investir em um estilo de vida saudável é uma forma eficaz de evitar problemas que, além de prejudicarem seu bem-estar, podem impactar significativamente suas finanças, rotina e sua autoestima. Se possível, matricule-se em uma academia ou pratique atividades regulares como caminhadas, esportes, ciclismo e alongamento. Mesmo em casa, é possível manter o corpo ativo com aparelhos simples como elásticos, bicicleta e halteres leves.

Já a saúde mental é crucial para tomar decisões equilibradas e manter o ânimo e a resiliência em momentos difíceis. Estresse e ansiedade podem prejudicar sua capacidade de concentração e levar a decisões financeiras precipitadas ou equivocadas. Práticas como viagens, música, meditação e hobbies que proporcionam prazer e relaxamento ajudam a reduzir o estresse e a melhorar a clareza mental, o que resulta em escolhas mais acertadas e conscientes na vida financeira e pessoal.

A manutenção do espírito, por sua vez, está relacionada à busca de propósito e de um significado mais elevado, incluindo a fé e a conexão com o Criador e Seu plano para nós, que vai além desta vida e das preocupações temporais. Ter um senso de propósito contribui para o bem-estar geral, fornecendo motivação, equilíbrio mental e esperança para continuar crescendo, tanto pessoal quanto financeiramente, mesmo diante de desafios e adversidades. Essa dimensão pode ser cultivada por meio de atividades que proporcionam crescimento pessoal, como o serviço voluntário. Práticas religiosas como orar, frequentar reuniões de adoração e ler as escrituras têm um efeito positivo na vida das pessoas. Combine isso com a dedicação de tempo para valorizar e estar com aqueles que você ama, e perceberá como essas atividades nos elevam a patamares mais altos de vida.

O equilíbrio entre corpo, mente e espírito permite que você esteja preparado para lidar com os desafios que surgem ao longo do caminho, seja no trabalho, nas finanças ou nos relacionamentos. Manter essas três dimensões em harmonia contribui para um maior bem-estar e, consequentemente, para a capacidade de lidar com suas finanças. Quando estamos fisicamente saudáveis, mentalmente equilibrados e espiritualmente conectados, nos tornamos mais propensos a alcançar nossos objetivos e viver uma vida mais plena e significativa.

Convite para ação: Ao final deste capítulo sobre ações defensivas, quero convidar você a reservar um pequeno espaço no seu orçamento e dar o primeiro passo para construir sua reserva financeira. O valor inicial é menos importante do que o hábito. Crie uma conta separada e comece a depositar regularmente uma quantia definida, até acumular o suficiente para cobrir pelo menos três meses das suas despesas.

CAPÍTULO 4

MULTIPLIQUE SEU CAPITAL

A PARÁBOLA DOS TALENTOS

No início deste capítulo, julguei interessante refletirmos sobre a famosa Parábola dos Talentos, uma passagem bíblica que traz uma mensagem atemporal sobre a importância de não negligenciar os recursos que nos são confiados, mas sim multiplicá-los. Nessa história, um homem rico entrega talentos (uma antiga medida de valor, baseada em ouro ou prata) a seus servos antes de viajar: a um, ele dá cinco talentos; a outro, dois; e a um terceiro, apenas um talento. Os dois primeiros servos negociam seus talentos e dobram seus valores. O terceiro, tomado pelo medo e pela insegurança, enterra o talento e o devolve exatamente como recebeu. Quando o senhor retorna, fica satisfeito com os servos que multiplicaram os talentos, mas repreende aquele que simplesmente os enterrou, chamando-o de preguiçoso e afirmando que ele poderia ao menos ter colocado o valor em um banco para render juros.

Além das aplicações de caráter espiritual, essa parábola também nos ensina que os recursos que recebemos não devem ser desperdiçados, negligenciados nem subestimados, mas sim utilizados com industriosidade de forma consciente e multiplicados estrategicamente. Cada talento que temos — seja dinheiro, habilidades ou oportunidades — carrega consigo o potencial de se multiplicar e gerar mais valor para nós mesmos e para aqueles ao nosso redor.

Assim, este capítulo é um convite a refletir sobre o que estamos fazendo com os recursos que nos são confiados. Multiplicar o capital significa, antes de tudo, assumir uma postura ativa em relação à nossa vida financeira. É importante não cair na armadilha da inércia, em que os recursos são apenas guardados, mas não utilizados de forma produtiva. Deixar o capital parado é desperdiçar o potencial que ele tem de crescer e cumprir seu propósito.

Quando você investe e multiplica seu dinheiro de forma inteligente, os benefícios vão muito além dos ganhos pessoais. Um capital bem alocado fortalece não apenas a sua segurança financeira e a da sua família, mas também movimenta a economia como um todo. Ao ser investido no mercado financeiro, por exemplo, esse recurso passa a financiar empresas, projetos de expansão, inovações e infraestrutura. Isso gera produção, estimula o consumo, abre novos postos de trabalho e contribui diretamente para o crescimento do país. Em outras palavras, ao investir com consciência, você não está apenas fazendo o seu dinheiro trabalhar por você — está ajudando a impulsionar o progresso de toda uma cadeia econômica.

Um detalhe quase imperceptível da parábola que gostaria de salientar é que a sugestão do senhor ao servo negligente foi de que teria sido até mais aceitável colocar o recurso no banco do que deixá-lo parado. Isso implica que, em primeiro plano, o esperado era que os talentos fossem trabalhados. Os primeiros servos dobraram os talentos porque gerenciaram diretamente seus recursos, em vez de deixá-los rendendo um pequeno percentual no banco. Você é convidado a não enterrar seus talentos, mas a colocá-los para trabalhar a seu favor da melhor forma possível. E assim como os servos que fizeram os talentos crescerem foram recompensados, será que também não seremos agraciados com maiores benefícios quando mostramos ser capazes de multiplicar o que já temos?

NÃO DEIXE DINHEIRO PARADO

Uma história real e surpreendente que ilustra os riscos de deixar dinheiro parado envolve Paulo Abreu, um senhor que, por desconfiança dos bancos, guardou uma verdadeira "fortuna" dentro de uma mala em sua casa, em Araguaína, Tocantins. Paulo Abreu, que teve várias ocupações ao longo da vida, de garimpeiro a dentista e, por fim, construtor, acumulou economias em cédulas de Cruzados, a moeda brasileira que circulou entre 1986 e 1989.

Paulo tinha receio de utilizar serviços bancários e, já em idade avançada, preferiu manter seu dinheiro em espécie, em um tipo de "poupança física". Ele acreditava que assim estaria mais seguro contra riscos externos e mantinha seus recursos ao alcance. Porém, após a sua morte, seus filhos encontraram uma mala cheia de cédulas antigas, totalizando 32 milhões de Cruzados. Para a frustração deles, descobriram que o dinheiro não tinha mais valor, pois o Cruzado havia sido substituído e saído de circulação muitos anos antes.

Economistas estimaram que, se esse valor tivesse sido atualizado pela inflação e investido adequadamente ao longo dos anos, ele poderia equivaler a cerca de R$ 23,6 milhões atualmente. Em vez disso, as economias guardadas em espécie perderam completamente seu valor, e a "fortuna" tornou-se apenas uma coleção de papéis sem muita utilidade financeira. Para os filhos, a descoberta foi uma oportunidade perdida. Se o pai tivesse confiado em alternativas mais seguras para seus recursos, sua família teria recebido uma herança generosa. Mas ao invés disso, foi perdido para sempre.

Dinheiro parado é como uma oportunidade desperdiçada, seja para nós mesmos ou para outros que poderiam utilizar esse recurso. Quando mantemos nossos montantes estagnados, seja em uma conta corrente que não rende nada ou guardados em casa, deixamos de aproveitar o potencial que esses valores têm para crescer e se multiplicar.

O poder do dinheiro está no seu movimento, na capacidade de gerar mais valor ao ser colocado para trabalhar. Essa ideia está relacionada à máxima de que *o dinheiro tem valor no tempo*, também conhecida como "valor do dinheiro no tempo" (ou time value of money). Basicamente, esse conceito afirma que uma quantia de dinheiro hoje tipicamente vale mais do que a mesma quantia no futuro.

Deixar o dinheiro parado significa que ele está sendo corroído pela inflação, que é o aumento dos preços ao longo do tempo. Em outras palavras, o dinheiro estagnado perde poder de compra. Aquilo que você consegue comprar hoje por um valor específico pode custar muito mais amanhã e, se seu dinheiro não estiver rendendo, estará valendo menos no futuro. Portanto, investir os seus recursos é uma forma de proteger esse valor e até aumentá-lo.

Lembre-se: dinheiro parado é dinheiro perdido. Mesmo com pequenas quantias, existem maneiras de investir e garantir que seus recursos estejam crescendo. O importante é começar e, aos poucos, aprender a maximizar o potencial do seu capital. O movimento do dinheiro é o que faz a diferença entre apenas manter-se à tona ou progredir rumo à liberdade financeira.

A MÁGICA DOS JUROS COMPOSTOS

Dizem que Albert Einstein certa vez descreveu os juros compostos como "a oitava maravilha do mundo". Os juros compostos têm o poder de transformar pequenas quantias em grandes fortunas ao longo do tempo, simplesmente permitindo que o valor investido cresça sobre si mesmo. Esse conceito é um dos principais segredos para a construção de riqueza a longo prazo.

Os juros compostos funcionam de uma maneira bastante simples, mas poderosa: além de renderem sobre o valor principal investido, também geram rendimentos sobre os juros já acumulados. Isso cria um ciclo de crescimento exponencial que se intensifica à medida que o tempo passa. Quanto mais cedo você começa a investir, mais tempo o dinheiro tem para "trabalhar" para você, e maior será o impacto dos juros compostos.

Imagine que você tem $1.000 dinheiros e decide investir esse valor em uma aplicação que rende 10% ao ano. No final do primeiro ano, você terá $1.100. No segundo ano, os juros não serão calculados apenas sobre os $1.000 iniciais, mas também sobre os $100 que você já ganhou. Assim, ao final do segundo ano, o valor total será cerca de $1.210. Esse crescimento continua se acelerando a cada ano, formando uma espécie de "bola de neve financeira", que aumenta de tamanho com o passar do tempo, graças ao efeito dos juros sobre os juros.

A chave para aproveitar os juros compostos ao máximo é o tempo, que cria um efeito multiplicador. Por isso, é essencial começar a investir o quanto antes, mesmo que seja com pequenas quantias. Contribuições regulares ao longo do tempo podem se transformar em um montante significativo. Para ilustrar isso, considere alguém que poupa $275 por mês com uma taxa de juros de 10% ao ano, sem considerar a inflação. Em 30 anos, o valor acumulado será de aproximadamente $625.000. Sem os juros, o total depositado seria de apenas $99.000. Ou seja, o capital foi remunerado ao longo do tempo, gerando um lucro de $526.000. Agora imagine o potencial se for possível aumentar o valor investido mensalmente ou encontrar aplicações com juros ainda mais vantajosos.

Os juros compostos recompensam aqueles que têm paciência e disciplina. Quanto mais cedo você começar a investir, mais impressionantes serão os resultados ao longo do tempo. O tempo passa, quer você poupe ou não, mas seu futuro agradecerá se você optar por acumular riqueza desde já. Lembre-se também de que os juros compostos têm um efeito multiplicador poderoso tanto para investimentos quanto para dívidas. Quando você investe, esse efeito trabalha a seu favor. Mas quando toma dinheiro emprestado, ele atua contra você, fazendo com que acabe pagando muito mais do que recebeu inicialmente.

O MERCADO DE CAPITAIS

Como vimos anteriormente de forma breve, o mercado de capitais é um dos meios mais poderosos e acessíveis para multiplicar dinheiro e criar fontes de renda passiva. Ele possibilita que investidores de todos os tipos, desde aqueles com grandes quantias até os que têm apenas pequenas somas para investir, possam colocar seu capital para trabalhar de forma eficiente e rentável. O conceito do mercado de capitais está relacionado ao conjunto de instituições e ferramentas que possibilitam a negociação de valores mobiliários, como ações, títulos de dívida e fundos de investimento. Diferente do mercado de trabalho, onde se troca tempo e esforço por um salário, o mercado de capitais permite que o dinheiro gere mais dinheiro, muitas vezes sem a necessidade de esforço contínuo da sua parte. É uma forma de fazer o capital trabalhar para você, enquanto você se dedica a outras atividades.

Uma das formas mais populares de investir no mercado de capitais é por meio de ações. Quando você compra ações de uma empresa, está se tornando um pequeno sócio dessa companhia.

Com isso, pode obter ganhos de duas maneiras principais: através da valorização das ações, quando o preço dos papéis aumenta ao longo do tempo, e dos dividendos, que são parcelas dos lucros distribuídas pela empresa aos acionistas. Esse fluxo de dividendos é uma das maneiras mais interessantes de obter renda passiva, já que, ao construir uma carteira sólida de ações, você pode receber pagamentos periódicos sem precisar fazer um esforço adicional. Perceba que investir em ações pode ser altamente rentável, mas requer também educação, cautela, gestão de riscos e acompanhamento, pois algumas ações podem ter seu preço reduzido drasticamente, causando perdas em vez de lucros.

Outra alternativa interessante dentro do mercado de capitais, e mais conservadora, é o investimento em fundos imobiliários (FIIs). Esses fundos permitem que você invista em imóveis, como shopping centers, edifícios corporativos e galpões logísticos, sem precisar comprar um imóvel físico. Os FIIs distribuem periodicamente os aluguéis recebidos dos imóveis que compõem o fundo em forma de dividendos, proporcionando uma renda estável e recorrente. Isso é especialmente vantajoso, pois você pode diversificar o investimento em diferentes tipos de imóveis sem ter que se preocupar com a administração direta deles.

Os ETFs (Exchange Traded Funds) ou fundos de investimentos também são uma forma prática e diversificada de entrar no mercado de capitais. Eles permitem que você invista em um grupo de ações ou outros ativos sem ter que comprá-los individualmente, proporcionando maior diversificação com um único investimento. Esses fundos são geralmente administrados por profissionais especializados em tempo integral. Assim, você expande suas oportunidades de ganho e dilui os riscos de perda.

Para os investidores mais conservadores, o mercado de capitais também oferece títulos de dívida pública e renda fixa, como debêntures e Certificados de Depósito Bancário (CDBs). Esses ativos apresentam rentabilidade mais previsível e são uma excelente alternativa para quem deseja aumentar seus recursos com muito menos riscos. Funcionam como um empréstimo que você faz ao governo ou a instituições financeiras, recebendo, em troca, juros ao longo do tempo. Embora sejam considerados mais seguros e paguem menos juros, também têm o poder de fazer o dinheiro crescer passivamente, sem exigir atenção constante.

Entrar no mercado de capitais pode parecer complicado no início, mas é uma forma eficiente de transformar sua visão sobre dinheiro e investimentos. Diversificar sua estratégia com investimentos passivos ajuda a construir uma renda constante e, ao longo do tempo, alcançar uma liberdade financeira cada vez maior. O mais importante é lembrar que o mercado de capitais está acessível para todos. Você não precisa ser milionário para investir — pode começar com pequenas quantias e, com o tempo, ver esses investimentos crescerem por meio do efeito multiplicador dos juros compostos.

O mercado de capitais é, portanto, uma das melhores formas de fazer seu dinheiro trabalhar por você, potencializando seu crescimento ao longo do tempo. Seja por meio de ações, fundos imobiliários, renda fixa ou ETFs, o essencial é não deixar seu capital parado. Nesse mercado, as taxas de retorno estão diretamente relacionadas ao risco envolvido: investimentos de maior risco tendem a oferecer retornos mais elevados, enquanto investimentos mais conservadores, que apresentam menor risco, geralmente oferecem taxas de retorno menores. A chave é encontrar um equilíbrio entre risco e recompensa que esteja alinhado com seus objetivos financeiros, grau de conhecimento e perfil de investidor.

SEJA SEU PRÓPRIO GESTOR FINANCEIRO

Ser o próprio gestor financeiro é uma jornada de liberdade e maior resultado quando pautada em conhecimento e estratégia eficiente. Ao assumir a responsabilidade de administrar seus próprios investimentos, você deixa de ser um mero espectador e passa a ser o principal responsável pelo seu crescimento financeiro. Isso significa tomar decisões, escolher onde aplicar seu dinheiro e aproveitar diretamente os frutos das suas escolhas. Embora essa abordagem exija dedicação e conhecimento, o retorno pode ser muito maior e mais satisfatório do que depender exclusivamente de bancos e corretoras.

Empresas de serviços financeiros oferecem conveniência e facilidade, mas muitas vezes isso vem a um custo elevado. As instituições financeiras geralmente recomendam produtos que geram boas comissões e lucros para elas mesmas, e nem sempre os que oferecem as melhores rentabilidades para o investidor. Além disso, muitos fundos administrados por terceiros aplicam taxas de administração e performance que podem reduzir consideravelmente os ganhos ao longo do tempo. É comum que os sorridentes gerentes de banco estejam mais focados em bater metas de venda de produtos financeiros do que em prestar uma assessoria genuína e centrada no interesse do cliente.

Quando um gerente de banco entrar em contato com você dizendo que tem uma ótima oportunidade de investimento, desconfie e verifique todas as taxas envolvidas. Você pode acabar direcionando seu dinheiro para produtos que não são necessariamente os melhores para o seu perfil, mas sim aqueles que atendem às metas internas da instituição. Ao se tornar seu próprio gestor, você elimina custos de intermediação e potencialmente obtém retornos maiores, escolhendo os investimentos que realmente fazem sentido para seus objetivos e realidade financeira.

Como seu próprio gestor financeiro, você pode optar por investir diretamente em ações e fundos alternativos após fazer análises técnicas e fundamentalistas. A análise técnica ajuda a entender os movimentos dos preços de ativos no curto prazo, identificando padrões e oportunidades de compra e venda. Já a análise fundamentalista avalia a saúde financeira das empresas, verificando seus fundamentos, como receita, caixa, lucro e crescimento. Essa combinação de estratégias, somada a uma boa gestão de riscos, permite que você tome decisões embasadas e invista em empresas que realmente apresentam valor, sem depender de sugestões de terceiros, que muitas vezes têm interesses conflitantes. Se quiser seguir por esse caminho, comece por investir em bons livros, treinamentos e simuladores, pois gerir sua própria carteira de forma a obter lucros e evitar perdas requer conhecimento e experiência de nível médio a avançado.

Você pode decidir também alocar seu capital em investimentos diretos em empresas, seja participando de negócios de terceiros, seja criando ou expandindo a sua própria empresa. Esses tipos de investimento geralmente não estão disponíveis para investidores tradicionais de bancos ou corretoras. Investir diretamente em negócios, por meio de participação societária ou empréstimos privados, pode oferecer um retorno muito superior ao dos mercados tradicionais, especialmente se você tiver uma visão clara de gestão e conhecer o potencial de crescimento do negócio.

É importante reforçar que ser seu próprio gestor financeiro exige muito estudo e dedicação. Conhecimentos em finanças, economia, contabilidade e uma boa compreensão do funcionamento dos mercados são necessários para tomar decisões acertadas. Além disso, há riscos envolvidos. Ao assumir as rédeas dos seus investimentos, você também assume a responsabilidade pelos resultados, sejam eles positivos ou negativos. O mercado pode ser volátil, e o fator emocional não deve ser subestimado, pois pode levar a decisões precipitadas em momentos de instabilidade. Outra consideração essencial ao investir em capital de risco é utilizar apenas recursos que você não precisará no curto ou médio prazo, pois resgatar o dinheiro antes do tempo pode gerar prejuízos ou reduzir significativamente o retorno esperado.

Por outro lado, a recompensa de ser seu próprio gestor é enorme. Ao controlar seus investimentos, você aprende a reconhecer oportunidades, torna-se mais independente financeiramente e desenvolve sua inteligência financeira. A capacidade de decidir, avaliar e estar diretamente envolvido na construção do próprio patrimônio é extremamente valiosa. Além disso, os ganhos podem ser significativamente maiores, já que você não estará limitado às opções prontas oferecidas por bancos ou corretoras, e poderá ajustar suas decisões conforme as mudanças do mercado e das suas metas pessoais.

Ainda assim, adotar uma abordagem equilibrada é fundamental. Muitos investidores começam administrando uma parte dos recursos de forma independente, enquanto mantêm outra parte em fundos ou produtos mais tradicionais. Essa combinação permite adquirir experiência e confiança sem assumir riscos excessivos logo no início. Vale aqui a máxima: *pense grande, comece pequeno*. Com o tempo, à medida que os resultados aparecem e o conhecimento se aprofunda, é possível aumentar a parcela do patrimônio sob sua gestão direta.

COMPRANDO ATIVOS

Uma forma de alcançar a independência financeira e construir riqueza é criar o hábito de comprar ativos. Ativos são tudo aquilo que você adquire e que coloca dinheiro no seu bolso regularmente, ao contrário dos passivos, que retiram dinheiro dele. Essa distinção, popularizada por Robert Kiyosaki em "Pai Rico, Pai Pobre", é essencial para quem deseja construir um futuro financeiro sólido. Enquanto muitas pessoas gastam suas rendas adquirindo passivos — como carros caros, bens que depreciam ou dívidas de consumo — a verdadeira transformação acontece quando se começa a direcionar os recursos para a aquisição de ativos lucrativos.

Para ilustrar de forma simples, podemos lembrar do popular jogo Banco Imobiliário. Todos os jogadores começam com uma quantia limitada de dinheiro e precisam escolher como utilizá-lo. Aqueles que mais investem em terrenos e constroem casas ou hotéis passam a receber uma renda constante toda vez que alguém "cai" em suas propriedades. Quanto mais ativos você adquire, mais rendas acumuladas você gera, e isso acaba levando ao sucesso no jogo. O mesmo vale na vida real: adquirir ativos é o segredo para transformar suas finanças pessoais, gerar renda recorrente, construir riqueza e, eventualmente, alcançar a independência financeira.

Acumular ativos ao longo do tempo é um exercício de paciência e visão de longo prazo. Pode ser um imóvel ou quota de empreendimento que você aluga, uma pequena participação em um negócio lucrativo ou mesmo uma máquina ou produto que você cria e vende ou aluga continuamente. Cada ativo que você adquire passa a contribuir para a sua riqueza de forma regular. O segredo está em escolher ativos que gerem fluxo de renda contínuo e manter a disciplina de continuar investindo, mesmo que os retornos iniciais pareçam pequenos.

Existem muitos tipos de ativos que podem ajudar a construir e aumentar seu patrimônio ao longo do tempo. Você pode voltar ao capítulo 2 e pegar ideias de fontes de renda alternativas, mas aqui vão mais alguns exemplos ilustrativos: imóveis para aluguel, ações de empresas, fundos imobiliários, participação em negócios, títulos públicos, cotas de hotéis turísticos, máquinas para fabricação de produtos, obras de arte, carros antigos colecionáveis, patentes, direitos autorais, empresas de franquia, produtos digitais, terrenos agrícolas, loja de varejo, gado, produção de energias renováveis, direitos de mineração, fonte de madeira de reflorestamento, escola de idiomas ou técnica, maquinário agrícola, equipamentos ou móveis para locação, hospedagens de curta duração, representação exclusiva de vendas de um produto, galpões industriais, websites com tráfego monetizado, aplicativos de assinatura, canais nas mídias sociais, lojas virtuais, terrenos para exploração comercial e cotas de cooperativas. As possibilidades são infinitas.

Minha mãe, já falecida, embora não tivesse escolaridade avançada, tinha experiência de vida suficiente para repetir em suas conversas que "imóveis a gente nunca vende, sempre compra mais". Ela entendia muito bem o valor da constância, da disciplina e do poder dos ativos acumulados que geram riqueza. Cada ativo adicionado ao seu portfólio é mais um passo em direção à segurança financeira e ao crescimento do seu patrimônio.

Convite para ação: escolha um tipo de ativo e dedique um tempo para estudar o básico. Assista a um vídeo, leia um artigo ou converse com alguém que já tenha experiência no assunto. Depois, separe um valor, mesmo que pequeno, e faça seu primeiro investimento. O objetivo não é ter um grande retorno imediato, mas sim dar o primeiro passo e transformar conhecimento em prática.

CAPÍTULO 5

PLANEJE SEU FUTURO

Será que podemos mudar o futuro? A resposta é simples e óbvia: sim. O futuro não está escrito. Ele é moldado pelas decisões que tomamos hoje. Você consegue se imaginar, daqui a alguns anos, como alguém bem-sucedido e digno de reconhecimento? Quando definimos metas, traçamos planos e caminhamos com propósito, estamos, na prática, alterando o rumo dos acontecimentos que vão definir que tipo de vida teremos mais adiante. Mudar o futuro significa assumir o controle da nossa trajetória em vez de deixar que ela fique nas mãos das circunstâncias aleatórias.

E o presente — é possível mudá-lo? Claro que sim. Todos os dias somos colocados diante de oportunidades para corrigir rotas, fazer escolhas mais conscientes, abandonar velhos hábitos e cultivar novas atitudes. A cada instante temos a chance de decidir o que fazer com o que temos em mãos. Talvez algumas circunstâncias atuais levem algum tempo para mudar, mas o presente é o único momento sobre o qual temos controle total. Podemos escolher hoje como pensamos, como agimos e até como tratamos as pessoas e a nós mesmos.

Agora vem a pergunta mais intrigante: é possível mudar o passado? A maioria das pessoas responderia que não, e essa é uma resposta correta. Afinal, o que passou, passou, e ainda não existe, para nós humanos, uma forma de voltar no tempo e mudar o que já aconteceu. Mas e se eu te dissesse que há um jeito de mudar o passado que ainda vai acontecer? O que vamos viver amanhã, daqui a um ano ou em dez anos, um dia será chamado de "nosso passado". De uma perspectiva futura, esse passado ainda está sendo escrito. Ou seja, podemos decidir agora que tipo de história será lembrada sobre nós no futuro. Podemos construir, a partir de hoje, um passado admirável, digno de respeito, gratidão e inspiração.

Quando, no futuro, as pessoas falarem ou pensarem sobre você, que tipo de passado e legado gostaria que elas lembrassem? É essa a história que você está escrevendo agora, e que representará quem você foi daqui a alguns anos e décadas. E é exatamente sobre isso que vamos falar a seguir.

VOCÊ É SEU MELHOR INVESTIMENTO

Quando sobra algum dinheiro na conta, a pergunta natural é: qual o melhor investimento para colocar esse dinheiro? Minha resposta é simples: antes de qualquer outro investimento, o melhor ativo, com o maior retorno entre todos, é você mesmo. Investir no seu próprio desenvolvimento é a maneira mais certa de garantir uma vida melhor, mais produtiva e mais satisfatória. Esses investimentos em si mesmo não podem ser roubados ou facilmente perdidos e geram retornos ao longo de toda a sua existência.

Investir em educação e no aprimoramento de habilidades é como plantar sementes que, uma vez cuidadas, dão frutos por muitos anos. Aprender uma nova competência pode abrir portas para uma nova carreira, criar novas fontes de renda ou simplesmente melhorar a forma como você lida com seus negócios. Conhecimento é uma ferramenta que multiplica seus recursos, amplia suas capacidades e ajuda a alcançar seus objetivos por meio de decisões técnicas. Fazer cursos, participar de workshops, ampliar sua rede de contatos, buscar mentoria e dedicar tempo ao aprendizado constante são investimentos que geram retornos muito além dos financeiros, criando novas oportunidades de realização, crescimento pessoal e profissional.

Mais uma vez, também é fundamental investir na saúde física e mental. Sem saúde, todos os outros investimentos têm valor limitado. O cuidado com o corpo e a mente é essencial para que você possa aproveitar as oportunidades e maximizar seu potencial. Alimentação balanceada, prática de atividades físicas e atenção ao bem-estar emocional são pilares que garantem energia, disposição e resiliência para enfrentar os desafios da vida. Isso inclui também atividades que proporcionem alegria e relaxamento, como hobbies, lazer e tempo de qualidade com pessoas queridas. O equilíbrio emocional é fundamental para manter-se motivado e constante ao longo da jornada.

Investir em si mesmo é, sem dúvida, a forma mais segura e poderosa de evoluir. O conhecimento, as habilidades, a saúde e o equilíbrio emocional que você desenvolve ao longo da vida são ativos que sempre estarão com você e enriquecerão todas as áreas da sua atuação. Ao planejar seu futuro, lembre-se: investir em você é prioridade sobre qualquer outro tipo de investimento.

A IMPORTÂNCIA DA EDUCAÇÃO FORMAL

Em tempos modernos, onde histórias de sucesso relâmpago ganham destaque nas redes sociais, é cada vez mais comum ouvir que a educação formal se tornou obsoleta, desnecessária ou pouco rentável. Alguns "gurus" financeiros e influenciadores modernos reforçam essa ideia ao citar exemplos famosos de empreendedores bilionários que abandonaram a faculdade para criar impérios, como Steve Jobs, Bill Gates ou Mark Zuckerberg. Soma-se a isso a onda de jovens que sonham em viver exclusivamente como influenciadores digitais, acreditando que basta carisma e um smartphone para garantir sucesso e liberdade financeira permanente.

Mas é preciso ter uma visão clara e realista sobre esse assunto. Não estou aqui para negar que existem caminhos alternativos ao modelo tradicional de educação, nem para dizer que todos precisam obrigatoriamente seguir um diploma universitário para vencer na vida. O que deve ser compreendido e enfatizado é que essas histórias citadas acima são exceções, não a regra.

Os bilionários que abandonaram a faculdade não desprezaram o valor do conhecimento formal. Na verdade, muitos deles só tiveram suas grandes ideias porque estavam inseridos em ambientes acadêmicos, participando de debates, acessando laboratórios, lendo livros técnicos, construindo redes de contatos e se aprofundando em temas diversos. Bill Gates, por exemplo, desenvolveu o conceito da Microsoft enquanto fazia faculdade. Mark Zuckerberg criou o embrião do Facebook dentro do campus universitário. Eles não rejeitaram o aprendizado, apenas entenderam que o momento de aplicar o conhecimento havia chegado antes de concluírem o curso. Além disso, todos eles continuaram aprendendo ao longo da vida, porque sabiam que gerir empresas globais exige domínio constante de áreas como administração, contabilidade, finanças, tecnologia, marketing e gestão de pessoas.

A educação sempre será um dos pilares mais sólidos para quem busca construir um futuro próspero e sustentável. O verdadeiro ponto aqui é que o conhecimento intelectual gera maior valor. E no mundo profissional, quem mais prospera é quem consegue entregar valor por meio de suas competências, habilidades e aplicação prática do que aprendeu.

É claro que não basta apenas acumular diplomas. Existem pessoas formadas que estão à margem da sociedade. Mas o que diferencia uma pessoa bem-sucedida de outra é a aplicação do conhecimento adquirido para resolver problemas, inovar ou melhorar processos. A educação não é apenas uma etapa burocrática, mas uma ferramenta poderosa de transformação. E para a imensa maioria das pessoas, é justamente esse preparo que abre portas, cria oportunidades e evita que se tornem reféns de subempregos ou de uma carreira limitada pela falta de qualificação.

Não caia na armadilha da ilusão de que vai conseguir sucesso fácil, rápido e com mínimo esforço. A educação não é opcional para quem deseja prosperar mais. Ela é o atalho mais seguro para sair da média e ter formação intelectual diversificada. O verdadeiro diferencial está em aprender continuamente e aplicar esse conhecimento de forma prática, estratégica e com propósito.

Convite para ação: escolha uma área do conhecimento que você gostaria de se aperfeiçoar e, de acordo com suas condições, decida se matricular em um curso formal, comprar um livro sobre o assunto ou buscar conteúdo disponível online em sites de boa reputação.

NASCI POBRE MESMO DESCENDENDO DA REALEZA

Ao compartilhar parte da minha biografia, logo no início deste livro, menciono que foi através do estudo e do desenvolvimento pessoal que consegui quebrar o ciclo de pobreza da minha família. Mas é importante refletir que o oposto também acontece: pessoas nascidas em famílias ricas e prósperas podem, por suas escolhas, quebrar o ciclo da prosperidade e mudar completamente o destino de seus descendentes, levando-os à escassez. Para ilustrar isso, deixe-me compartilhar mais detalhes da minha própria história que relatei rapidamente no prefácio.

Sempre fui entusiasta de pesquisa genealógica e, ao longo dos anos, consegui traçar registros de meus ancestrais que remontam a milênios atrás. Descobri que a linhagem da minha avó materna era marcada por riqueza, influência e até mesmo nobreza. Entre meus antepassados, encontrei figuras importantes da história, como bandeirantes famosos e monarcas europeus, incluindo dezenas de reis e rainhas que encontramos nos livros de história.

Essa herança de prosperidade atravessou gerações e, no século XIX, chegou ao Brasil por meio de meus antepassados portugueses, que participaram da fundação da cidade de Alfenas, em Minas Gerais — nome dado justamente em referência à região de Alfena, de onde vieram. Meu bisavô, pai da minha avó materna, era um homem abastado e respeitado, proprietário de terras e com grande influência local. Ele valorizava profundamente a educação e fez questão de oferecer a todos os seus filhos as mesmas oportunidades de estudo e desenvolvimento, preparando-os para dar continuidade ao legado de prosperidade da família.

E foi exatamente aí que a história tomou um rumo diferente. De acordo com relatos familiares, todos os filhos prosperaram, seguindo a trilha do conhecimento e das oportunidades oferecidas — exceto minha avó. Tendo perdido sua mãe muito cedo e sido criada pela avó, ela certamente carregava marcas emocionais que podem ter influenciado suas decisões e sua visão de futuro. Talvez o desânimo, a ausência materna e a busca por estabilidade afetiva tenham pesado mais do que a ambição por uma carreira ou formação acadêmica.

Por escolha própria, decidiu não continuar os estudos e optou por se casar, contra a vontade de meu bisavô, com um viúvo pobre e com filhos. Embora tenha sido uma mulher honrada, trabalhadora e digna — assim como meu avô também era — essa decisão, fruto de circunstâncias pessoais e prioridades diferentes, acabou limitando o futuro da sua nova família. Sem a base educacional que seus irmãos receberam e distante das condições financeiras que tinha na casa paterna, minha avó iniciou uma vida marcada pela simplicidade e pela luta diária. Foi essa escolha que colocou as próximas gerações em um cenário bem diferente daquele que seus antepassados um dia construíram.

Essa parte da minha história familiar revela uma verdade importante: prosperidade e pobreza são ciclos mantidos ou perdidos por escolhas. A educação, o preparo e a visão de longo prazo alinhada com princípios morais são os alicerces que sustentam gerações. Quando esses pilares são ignorados, mesmo as maiores fortunas podem desaparecer em poucas décadas ou anos. Por isso, reforço neste livro que, independentemente de onde você veio, o que define seu futuro — e o futuro da sua família — são as decisões que você toma hoje. Assim como eu precisei retomar o caminho do desenvolvimento para reconstruir um pouco do que foi perdido no passado, cada um de nós tem o poder de interromper ciclos negativos ou dar continuidade à prosperidade, por meio do conhecimento, da disciplina e das escolhas conscientes. De acordo com Carlos Wizard Martins: "o sucesso acontece quando a preparação encontra a oportunidade".

APROVEITE SEU TEMPO

O tempo é um dos recursos mais valiosos que você possui, mas também é o único que, uma vez gasto, não pode ser recuperado. Planejar seu futuro envolve aprender a aproveitar seu tempo de forma mais consciente e estratégica. Muitas vezes, deixamos passar horas, ou até mesmo anos, fazendo coisas que não nos agregam valor ou investindo nosso tempo de forma pouco produtiva.

Quando se fala em construção de riqueza e realização pessoal, o tempo é um aliado poderoso, mas apenas se for bem aproveitado. Aproveitar o tempo significa usá-lo de forma que beneficie seu futuro. Isso pode significar dedicar-se a aprender novas habilidades, planejar seus objetivos de longo prazo, passar tempo com pessoas que o inspiram ou investir em projetos e atividades que você goste. Como já discutido antes, o tempo demasiadamente gasto em redes sociais, jogos ou atividades que não trazem valor pode ser melhor alocado em ações que o aproximem da vida que você deseja construir. Pense em que habilidades você poderia adquirir se substituísse uma atividade ociosa por algo instrutivo. Isso não quer dizer que você precisa abraçar o mundo. Se aprender uma nova habilidade por ano, imagine o quanto progredirá ao longo do tempo.

No entanto, aproveitar seu tempo não significa viver em uma rotina exaustiva e sem pausas. É fundamental equilibrar o tempo dedicado ao trabalho e ao desenvolvimento com o tempo de descanso e lazer. Como já falado aqui, um equilíbrio saudável ajuda a manter a mente clara, o corpo disposto e o espírito renovado para enfrentar desafios. Cada minuto pode ser uma oportunidade de crescimento, desde que seja utilizado de maneira equilibrada, consciente e planejada.

Por isso, ao pensar no futuro, reflita sobre o que está fazendo hoje para tirar o máximo proveito do tempo que tem. É sobre buscar equilíbrio, transformar momentos ociosos em oportunidades e alinhar seu uso do tempo com seus maiores objetivos. Para colocar em prática as sugestões apresentadas neste livro, é fundamental que você mude hábitos e planeje melhor o uso do tempo.

OBJETIVOS DE CURTO E MÉDIO PRAZO

Planejar seus objetivos de curto e médio prazo é essencial para garantir uma organização financeira eficiente e alcançar suas metas de longo prazo de forma sustentável. Quando se fala em planejamento financeiro, é importante ter clareza sobre onde você quer chegar, mas, para isso, é importante dar passos bem definidos e viáveis ao longo do caminho. Esses passos são os seus objetivos de curto e médio prazo.

Os objetivos de curto prazo são aqueles que você deseja alcançar em até um ano ou um pouco mais. Eles podem incluir montar uma reserva de emergência, quitar uma dívida específica, fazer uma viagem ou comprar um bem necessário. Planejar esses objetivos traz benefícios imediatos: você consegue ver resultados concretos, o que gera motivação para continuar na jornada financeira. Ao definir metas claras e criar um plano para alcançá-las, você melhora o controle das suas finanças, organiza melhor seus gastos e evita situações de aperto financeiro. Ter um objetivo claro em mente faz com que você pense duas vezes antes de gastar com algo que não faz parte do seu plano. Não se desanime se seus primeiros passos parecerem pequenos. Uma grande jornada sempre começa com movimentos distantes do destino final. Além disso, você estará praticando e internalizando princípios que trarão consistência futura.

Os objetivos de médio prazo geralmente duram de dois a cinco anos. Eles são importantes porque servem como a base que sustenta suas aspirações maiores. Exemplos de objetivos de médio prazo incluem acumular dinheiro para dar entrada em um imóvel, quitar o financiamento de um veículo ou economizar para iniciar um pequeno negócio. Esses objetivos exigem disciplina e comprometimento, mas não estão tão distantes a ponto de parecerem inalcançáveis. Eles funcionam como uma ponte entre os passos menores do curto prazo e os grandes sonhos de prazo maior.

Um planejamento financeiro sólido envolve definir metas específicas, quantificáveis e com prazos realistas. Uma das melhores formas de organizar seus objetivos é definir não só o que você quer alcançar, mas também quanto precisará ganhar e economizar para atingir cada meta e em quanto tempo. Além disso, é importante ajustar o orçamento mensal, direcionando uma parte da sua renda para esses objetivos. Isso torna o planejamento mais tangível e ajuda a evitar o desperdício de recursos, garantindo que o dinheiro seja utilizado de forma eficiente. Pode ser que você chegue à conclusão de que sua receita atual está muito aquém dos seus objetivos. Não desanime. Busque formas de criar novas fontes de renda, como discutido amplamente nos capítulos anteriores.

Dividir suas metas em prazos curtos e médios também ajuda a lidar com imprevistos. Se você tiver um plano em andamento, poderá fazer ajustes conforme necessário, sem perder o foco. Dessa forma, é possível reequilibrar o orçamento diante de mudanças na renda ou de gastos inesperados e ainda continuar avançando em direção às suas metas. Imagine, por exemplo, alguém que está juntando dinheiro para trocar de carro em dois anos (meta de médio prazo), mas também reserva mensalmente um valor para pequenos imprevistos (meta de curto prazo). Se surgir uma despesa médica inesperada ou uma demissão, essa pessoa não precisará abrir mão totalmente da meta maior. Ela pode pausar, ajustar o ritmo ou reorganizar prioridades, e então, ser resiliente para retomar o plano inicial quando a tempestade passar. Esse tipo de planejamento oferece flexibilidade, controle e segurança emocional para continuar avançando mesmo quando a vida sai do normal.

O processo de definir objetivos de curto e médio prazo também ajuda a estabelecer prioridades financeiras. Muitas vezes, ao colocar no papel tudo o que queremos, percebemos que nem todas as metas são igualmente importantes. Definir prazos para cada objetivo nos leva a refletir sobre o que realmente importa e onde devemos concentrar nossos esforços. Isso cria um caminho mais claro e uma sensação de propósito maior no dia a dia, ajudando a evitar decisões impulsivas que possam comprometer o progresso.

Ao organizar seus objetivos de curto e médio prazo, você se prepara para ter uma vida financeira mais equilibrada. Essas metas funcionam como marcos no caminho que levam ao seu propósito maior. Lembre-se de revisá-las periodicamente e fazer ajustes sempre que necessário, pois o planejamento financeiro não é algo rígido, mas uma ferramenta flexível que deve acompanhar as mudanças da vida. Com disciplina e organização, seus objetivos de curto e médio prazo se tornam o impulso necessário para que suas maiores ambições se concretizem no futuro.

DESFRUTE AGORA

Não me entendam mal: todos os passos para prosperar financeiramente e construir um futuro seguro que ensinei neste livro não devem levar você a postergar os momentos de desfrute e lazer até que conquiste todos os seus objetivos. O pensamento de que apenas depois de atingir um certo patamar de riqueza será possível relaxar e aproveitar a vida pode transformar a jornada em uma caminhada árida e exaustiva. No entanto, a prosperidade verdadeira não se resume a acumular recursos; ela também se reflete na capacidade de viver bem no presente e desfrutar a vida de forma equilibrada e responsável.

Momentos de alegria e celebração são parte essencial do processo. Mesmo pequenos prazeres ao longo do caminho tornam a trajetória mais leve e gratificante. Isso pode significar um jantar especial com a família, uma viagem curta, um encontro com amigos ou até mesmo um simples bate-papo apreciado sem pressa. Esses momentos não precisam ser caros nem comprometer suas finanças. O que importa não é a aparência ou a opulência das atividades, mas a qualidade e o significado que carregam.

Ao longo do caminho para a prosperidade, é fundamental lembrar que *o dinheiro é um meio, não um fim*. De nada adianta conquistar estabilidade se, no percurso, tudo o que houver forem sacrifícios e renúncias. O segredo está na moderação: economizar com sabedoria, mas sem privar-se completamente das experiências que dão sabor à vida. Pequenas pausas para lazer e descanso não são um desperdício, mas um combustível para seguir em frente com mais ânimo e clareza.

Celebrar as conquistas, por menores que sejam, reforça o propósito do esforço diário. Cada etapa vencida merece reconhecimento, cada aprendizado assimilado é motivo para gratidão. A vida acontece agora, e aprender a desfrutá-la, mesmo nos momentos mais simples, torna a jornada muito mais significativa. Afinal, o verdadeiro sucesso não é apenas financeiro, mas também emocional, familiar e pessoal. Encontrar esse equilíbrio é o que transforma a busca por prosperidade em uma caminhada prazerosa e não em uma corrida interminável.

Confesso que esse ensinamento nem sempre fez parte da minha vida e sempre foi um desafio para mim. Sou uma pessoa simples e nas horas vagas gosto mais de ficar em casa descansando do que fazendo atividades fora. Porém, reconheço, com certo desconforto, que tive alguns excessos de preocupação com a poupança, a ponto de privar minha família de mais momentos valiosos de prazer que poderíamos ter desfrutado. Houve muitas situações em que os sacrifícios foram necessários para manter a autossuficiência por mais tempo, mas também houve momentos em que teria sido possível aproveitar melhor, celebrar mais, viajar ou expressar meu carinho por meio de presentes, sem comprometer o orçamento. Tente não cometer o mesmo erro.

Encontre o equilíbrio para que sua busca por segurança financeira não roube de você ou dos seus entes as alegrias que fazem a vida valer a pena.

APOSENTADORIA DIGNA

Assim como é essencial aproveitar o tempo de maneira estratégica e planejar cada etapa da sua vida financeira, também é crucial pensar no futuro e nas metas de longo prazo — aquele momento em que você deseja colher os frutos de tudo o que plantou ao longo dos anos. Quando pensamos nesse futuro, muitas vezes imaginamos uma fase da vida em que possamos finalmente desacelerar, aproveitar o tempo livre, dedicar-nos mais aos hobbies e desfrutar de uma vida tranquila, sem preocupações financeiras. Para que esse sonho se torne realidade, é essencial investir desde já na construção de uma aposentadoria significativa e digna.

Por favor, não perca tempo, perceba essa realidade e comece a agir. No futuro você vai ser grato por ter feito as mudanças necessárias agora. E, se até aqui você ainda não está convencido a começar a poupar, acredito que mudará de opinião após analisar a seguinte tabela com simulações de aposentadoria por idade. Minha intenção aqui é novamente mostrar como o tempo aliado aos juros compostos são realmente poderosos. Vou partir da premissa que temos os seguintes números constantes aproximados:

Taxa de juros anual: 12%

Inflação anual: 4%

Idade de aposentadoria: 60 anos

Retirada mensal futura: 5.000

IDADE INICIAL	TEMPO DE CONTRIBUIÇÃO	APORTE MENSAL NECESSÁRIO
20 anos	40 anos	64,00
25 anos	35 anos	116,00
30 anos	30 anos	213,00
35 anos	25 anos	396,00
40 anos	20 anos	751,00
45 anos	15 anos	1.487,00

Esses cálculos são simplificados, mas corretos o suficiente para deixar clara a lógica por trás do planejamento de longo prazo. A tabela mostra que uma pessoa que começa a poupar aos 20 anos precisa investir, em média, apenas 64 dinheiros por mês até a aposentadoria para atingir um bom resultado. Já quem começa aos 30 terá que aportar três vezes mais para chegar ao mesmo valor no futuro. A diferença é impressionante. Quanto mais cedo você começar, menos esforço financeiro mensal será necessário. Esse é o poder dos juros trabalhando para você, combinado com inteligência financeira e proatividade.

Embora muitos de nós esperemos contar com a aposentadoria pública, a realidade é que depender exclusivamente desse recurso pode ser arriscado e insuficiente para garantir uma vida confortável na velhice. A aposentadoria pública, muitas vezes, oferece um benefício limitado, que pode não ser suficiente para cobrir todas as necessidades e manter o padrão de vida que desejamos ou precisamos. Além disso, há incertezas quanto à sustentabilidade dos sistemas públicos de previdência, especialmente com o aumento da expectativa de vida e a necessidade de reformulações nas políticas governamentais. Diante disso, ter uma estratégia própria de aposentadoria se torna fundamental para assegurar uma condição financeira mais confortável.

Já conheci pessoas que levaram uma vida digna por muitos anos, mas que, devido à falta de planejamento e à dependência da aposentadoria pública, chegaram à velhice enfrentando sérias dificuldades. Com a saúde fragilizada e a independência reduzida, passaram seus últimos anos em privação e dependência — uma realidade dura e evitável com preparo adequado. Não permita que isso aconteça com você e sua família. A única maneira de mudar o futuro, determinado pelas circunstâncias de hoje, é agir agora com inteligência, planejamento e dedicação.

Investir em uma previdência própria, na construção de patrimônio ou em outras formas de poupança de longo prazo é uma das estratégias mais eficazes para garantir uma aposentadoria tranquila e digna. Em países como os Estados Unidos, esse comportamento faz parte da cultura desde cedo. As pessoas são incentivadas pela família e pela sociedade a pensar no futuro financeiro de forma independente, por meio de planos privados como o 401(k), IRAs e investimentos pessoais. Apesar de também existir a previdência pública nesse país, não depender do governo para se aposentar é visto como algo digno de valor. A mentalidade é clara: cada um é o principal responsável por garantir sua estabilidade financeira na velhice. Por isso, é natural ver americanos acumulando patrimônio ao longo da vida, planejando sua aposentadoria com antecedência e mantendo sua qualidade de vida sem depender de benefícios públicos limitados ou incertos. Apesar de no Brasil, isso não ser muito popular, ele tem uma vantagem exclusiva, as taxas de juros historicamente altas permitem qualquer pessoa acumular duas ou três vezes mais dinheiro do que aqueles em países mais desenvolvidos.

Quanto mais cedo você começar, maior será o impacto positivo. Não caia na tentação de procrastinar, pois o tempo passa para todos e você será grato no futuro por ter sido sábio e começado cedo. Afinal, como já enfatizado nesta obra, os juros compostos e o tempo serão sempre seus maiores aliados nesse processo. Cada ano a mais investindo para o futuro permite que o dinheiro cresça e se multiplique de forma exponencial, construindo uma base sólida para que você tenha liberdade e segurança quando decidir desacelerar. Eu disponibilizei em meu website um simulador de aposentadoria muito útil, tanto para conscientizar sobre a gigantesca vantagem de poupar para a aposentadoria quanto para ajudar as pessoas a planejarem suas contribuições ao longo dos anos. Acesse essa ferramenta poderosa pelo link abaixo.

www.smartcashclub.com/simulador-aposentadoria

Além das previdências privadas, existem outras formas de garantir uma renda confortável na aposentadoria por meio de ativos geradores de renda passiva. Imóveis para aluguel, por exemplo, são uma excelente fonte de renda para garantir estabilidade e patrimônio durante essa fase da vida. Ter imóveis que gerem aluguéis mensais oferece a tranquilidade de uma renda estável, independentemente das condições do mercado financeiro. Da mesma forma, investimentos em fundos imobiliários, ações de empresas sólidas e outras participações também proporcionam uma renda contínua e regular.

Um ponto importante ao planejar uma aposentadoria digna é pensar em diversificação. Ao longo dos anos, o mundo financeiro passa por altos e baixos, e investimentos pulverizados garantem maior segurança, minimizando riscos. Uma diversificação adequada protege seu patrimônio contra possíveis perdas e assegura um crescimento mais consistente.

Outro aspecto crucial é definir quanto será necessário para manter um padrão de vida confortável durante a aposentadoria. Esse valor depende do estilo de vida que você deseja ter, das atividades que pretende realizar, dos custos com saúde e de outras despesas relacionadas à idade avançada. Uma boa maneira de começar é calcular uma meta aproximada e ajustar as contribuições mensais ou anuais para atingir esse valor ao longo do tempo. É fundamental lembrar que, quanto mais cedo você começar a poupar, menor será o esforço mensal necessário para alcançar a quantia desejada. Evite a ilusão de que viver intensamente o presente, sem pensar no futuro, é uma escolha inteligente. Sua paz e segurança não devem depender da sorte nem de frases motivacionais vazias, que apenas confortam aqueles que escolhem a negligência em vez da responsabilidade.

Além disso, investir em educação financeira é um passo essencial para garantir uma aposentadoria tranquila. Entender como funcionam os investimentos, os riscos envolvidos e a melhor maneira de alocar seus recursos é importante para tomar decisões mais inteligentes e obter melhores resultados. Isso envolve aprender a escolher boas opções de previdência própria ou privada, compreender os diferentes tipos de investimentos, conhecer os impostos aplicáveis e revisar periodicamente sua estratégia para ajustá-la conforme as mudanças da vida.

Planejar uma aposentadoria digna também requer atenção aos custos com saúde. À medida que envelhecemos, as despesas médicas tendem a aumentar, e depender apenas do sistema público pode não ser suficiente nem confortável. Por isso, ter uma reserva específica para saúde ou contratar um plano adequado são estratégias importantes para manter o bem-estar e a qualidade de vida na velhice.

É igualmente importante que você tenha metas claras para a aposentadoria e esteja disposto a ajustá-las com o tempo. A vida muda, as prioridades se transformam, e sua estratégia deve acompanhar essas mudanças. Revisar o plano periodicamente, adequando as contribuições e reavaliando as necessidades, garante que você esteja sempre no caminho certo. E um alerta essencial: nunca utilize os recursos destinados à aposentadoria, mesmo que temporariamente, para satisfazer desejos de consumo.

Investir em uma aposentadoria digna é uma forma de cuidar de si mesmo e daqueles que você ama, assegurando estabilidade e tranquilidade no futuro. Começar cedo, aproveitar o poder dos juros compostos, diversificar os investimentos e cuidar da saúde são passos fundamentais para esse objetivo. Lembre-se de que o futuro é fruto direto das decisões que tomamos hoje. Investir agora é o caminho mais sensato para garantir tranquilidade lá na frente.

DEIXE UM LEGADO

Ao longo deste livro, exploramos estratégias para administrar, multiplicar e proteger seu dinheiro. Mas se há algo que vai além da riqueza material, é a marca que deixamos no mundo. O verdadeiro sucesso na vida não se resume a viver bem, mas também a garantir que aquilo que construímos continue beneficiando outras pessoas mesmo quando não estivermos mais aqui.

Construir um legado é mais do que acumular bens — é criar algo que perpetue sua visão, seus valores e suas conquistas. Mesmo uma pessoa simples pode servir de exemplo para gerações futuras. É transformar o conhecimento e os recursos adquiridos em algo duradouro, impactando positivamente sua família, sua comunidade e até mesmo o mundo. Muitas pessoas acreditam que legado se resume à herança financeira, mas essa é apenas uma parte da equação. Seu legado é a soma da sua influência, do seu conhecimento e do impacto que você gera.

Esse legado pode se manifestar de diferentes formas: na educação e nos valores transmitidos aos filhos e àqueles que convivem com você, na criação de um patrimônio sólido e bem planejado que continue proporcionando segurança e oportunidades às próximas gerações, ou na construção de negócios e projetos que gerem empregos e sustentem sua visão ao longo do tempo. Ele também pode estar em contribuições à sociedade, seja por meio do apoio a causas relevantes, da filantropia, da inovação ou do exemplo que inspira outras pessoas a evoluírem. Mais do que patrimônio, um legado é uma filosofia de vida que continua ressoando mesmo após sua partida.

No entanto, dinheiro sem conhecimento e maturidade pode se tornar uma maldição. Muitas fortunas se perdem porque os herdeiros não sabem administrá-las. Por isso, um dos maiores legados que alguém pode deixar é a educação financeira da própria família. Ensinar a próxima geração a pensar de forma estratégica sobre dinheiro, dívidas, investimentos e planejamento é o que pode garantir que sua família prospere por muitas gerações.

O conhecimento pode ser transmitido de várias formas. O exemplo diário é o maior professor — sua disciplina, sua forma de lidar com desafios e seu compromisso com o crescimento financeiro e pessoal são observados por aqueles ao seu redor. Além disso, registrar suas experiências, seja por meio de escritos, vídeos ou outros meios, pode servir de guia para futuras gerações. Você pode ainda escrever uma declaração ou uma carta para sua família, demonstrando seu amor e preocupação de que eles sigam esses princípios em suas vidas. A verdadeira herança não está apenas no patrimônio deixado, mas na mentalidade transmitida. Quando se ensina alguém a gerar e proteger riqueza, esse ensinamento se multiplica, criando um efeito de longo prazo que pode impactar toda uma linha de descendência. Por outro lado, não se frustre se seus esforços não surtirem efeitos imediatos naqueles que você deseja influenciar. As sementes do ensino podem levar muitos anos para crescer e criar raízes antes de dar frutos.

Agora, um legado não precisa ficar restrito à família. Muitas pessoas deixam sua marca ao criar algo que beneficia um grupo maior de pessoas. Empresas bem estruturadas, que oferecem valor genuíno e oportunidades, continuam existindo e gerando impacto muito depois de seus fundadores. Projetos sociais, escolas, fundações e iniciativas de apoio à educação financeira e ao empreendedorismo podem transformar a realidade de comunidades inteiras. O impacto social também pode ser alcançado por meio de doações estratégicas, ajudando a financiar projetos de longo prazo que contribuam para o desenvolvimento de setores essenciais, como saúde e educação. Muitas das pessoas mais bem-sucedidas do mundo entenderam que parte do seu propósito era retribuir à sociedade e, com isso, ampliaram ainda mais a influência do seu legado. Seja ao oferecer oportunidades para quem mais precisa ou ao contribuir para a evolução de um setor, o impacto que você gera no mundo pode se expandir muito além da sua existência. Embora isso pareça muito grande e além da sua capacidade atual, perceba que, se fizer um pouco, conforme suas condições permitam, já será algo fundamentalmente significativo.

Para que um legado seja duradouro, ele precisa ser planejado. Muitas histórias de fortunas dissipadas poderiam ter sido evitadas com um planejamento sucessório adequado. Ter um testamento bem estruturado, definir diretrizes claras para a administração do patrimônio e garantir que a sucessão seja feita de forma estratégica são medidas fundamentais para preservar o que foi construído. Além da parte legal e financeira, é importante que os herdeiros compreendam o propósito por trás do legado. Quando as próximas gerações sabem o porquê das decisões tomadas, conhecem suas razões e entendem a responsabilidade de manter aquilo que foi construído, a probabilidade de continuidade aumenta significativamente.

A História de Milton Hershey

Milton Hershey nasceu em 1857 em uma família humilde nos Estados Unidos. Desde cedo, enfrentou dificuldades financeiras e teve que abandonar a escola para trabalhar. Após fracassar de diversas formas em seus primeiros negócios, persistiu e, em

1900, conseguiu lançar a Hershey's Chocolate, transformando o chocolate ao leite em um produto acessível para o público em geral. Seu sucesso empresarial o tornou um dos homens mais ricos de sua época, mas sua visão ia muito além do lucro.

Hershey acreditava que sua riqueza deveria servir a um propósito maior. Em vez de simplesmente acumular fortuna, ele investiu no bem-estar das pessoas ao seu redor. Criou a cidade de Hershey, na Pensilvânia, planejada para oferecer qualidade de vida a seus funcionários, com boas moradias, escolas e infraestrutura. Mas seu maior legado foi a Milton Hershey School, uma instituição fundada em 1909 para oferecer educação gratuita e oportunidades a crianças órfãs e desfavorecidas. Demonstrando um compromisso inabalável com o futuro das próximas gerações, Hershey transferiu a maior parte de sua fortuna para um fundo fiduciário que, até hoje, sustenta a escola e continua beneficiando milhares de crianças. Seu legado vai muito além da empresa de chocolates — ele criou um modelo de impacto social que sobrevive há mais de um século.

A história de Milton Hershey mostra que o verdadeiro sucesso não está apenas em acumular riqueza, mas em usar esses recursos para criar algo que transcenda sua própria vida. Sua visão de responsabilidade social, aliada à integridade e à dedicação ao próximo, faz dele um exemplo inspirador de como é possível construir um legado duradouro e significativo. Não pense pequeno, *comece pequeno, mas pense em um futuro grande.* Não existem limites para uma mente criativa e bem treinada, alicerçada pela perseverança. Ao final da jornada, a pergunta mais importante não é quanto dinheiro você acumulou, mas sim qual foi o impacto que você deixou no mundo. Você quer ser lembrado apenas como alguém que teve sucesso financeiro ou como alguém que transformou vidas?

O legado não começa no futuro — ele está sendo escrito agora, nas pequenas decisões do dia a dia. Cada escolha, cada ensinamento transmitido e cada projeto iniciado fazem parte da história que será contada sobre você. O tempo passa, mas as marcas que deixamos podem permanecer para sempre.

Você é um filho de Deus, seu potencial é enorme e apenas pode ser limitado por suas dúvidas, descrenças, zona de conforto ou falta de fé. Ao final desta leitura, te convido a olhar no espelho e perguntar com sinceridade e otimismo: como você quer ser lembrado e que tipo de legado você vai deixar para as futuras gerações?

Convite para ação: Agora que você percorreu os ensinamentos e reflexões deste livro, convido você a parar por um momento, olhar para dentro de si e avaliar o que realmente aprendeu. O conhecimento sem aplicação pouco transforma. Por isso, tome a decisão de colocar em prática tudo aquilo que mais fez sentido para sua realidade. Escreva um plano de mudanças. Liste os primeiros passos que você pode dar já nos próximos dias. Comece com pequenas ações, mas aja com consistência e coragem. Seu futuro será moldado pelas escolhas que fizer hoje. Que este livro não seja apenas uma boa leitura, mas um marco de transformação real na sua vida financeira e pessoal.

CAPÍTULO DE BÔNUS

10 LIÇÕES PODEROSAS APRENDIDAS NESTE LIVRO

Este breve capítulo é um resumo valioso das principais lições aprendidas neste livro e pode servir como uma recapitulação e internalização mais permanente do conteúdo que você estudou aqui.

1. **O sucesso financeiro tem mais a ver com como você gasta do que com quanto você ganha.**

   Aprenda e pratique isso e já estará na metade do caminho para o sucesso financeiro. De nada adianta ganhar bem e não conseguir acumular riqueza ou viver de dívidas. O segredo está na disciplina, não na quantidade, que mais cedo ou mais tarde chegará.

2. Gaste menos do que você ganha e terá liberdade.

Parece muito óbvia essa afirmação, mas lembre-se: duas em cada dez famílias brasileiras estão vivendo com dívidas. Para prosperar financeiramente, ficar dentro do orçamento não é uma opção, é uma obrigação. Acabe com as dívidas antes que elas acabem com sua paz.

3. Tenha um orçamento contínuo.

Organizar e planejar suas receitas e despesas mensais vai ajudá-lo a atingir seus objetivos financeiros com maior eficiência e rapidez.

4. Explore novas fontes de renda.

Viver com uma única fonte de renda expõe você a grandes riscos de problemas financeiros. Pesquise e implemente as ideias deste livro para criar múltiplas formas de ganhar dinheiro e assim ter mais segurança e potencial para prosperar.

5. Mantenha uma reserva financeira.

Ter uma reserva financeira é garantia de maior sobrevivência em tempos difíceis. Problemas na vida acontecem para todos, mas aqueles que estão preparados passam por eles de forma menos disruptiva.

6. Poupar para depois comprar.

Um grande inimigo da prosperidade é antecipar a compra de um bem não essencial por meio de empréstimos. Por outro lado, comprar sempre à vista, além de oferecer descontos e evitar juros, também reflete uma postura inteligente e financeiramente saudável.

7. Os juros compostos recompensam os que têm paciência.

Lembre-se do que aprendemos sobre juros compostos e não subestime sua capacidade de multiplicar recursos ao longo do tempo. Comece a investir com consistência o quanto antes para que os frutos sejam colhidos no futuro.

8. Compre mais ativos que passivos.

Ativo é tudo o que rende lucro; passivo é tudo que consome seu orçamento. Foque em adquirir cada vez mais ativos e terá mais chances de alcançar a liberdade financeira através de múltiplos rendimentos.

9. O dinheiro é o meio, não o fim.

Acumular dinheiro não deve ser o objetivo final, mas sim os benefícios que ele pode proporcionar. Por isso, seus planos devem incluir lazer e desfrute ao longo da jornada, para que ela faça sentido.

10. Evite a ilusão de que viver o presente sem pensar no futuro.

Pode até parecer fazer sentido quando alguém diz que devemos aproveitar o presente e deixar o futuro para depois. Mas esse tipo de frase de efeito apenas serve para evitar o desconforto da responsabilidade. A conta sempre chega mais cara para os despreparados.